荷歐波諾波諾的
幸福奇蹟

伊賀列阿卡拉・修・藍博士、櫻庭雅文 著
劉滌昭 譯

〈前言〉

用自己的手找回真正的自由、豐富感和幸福

伊賀列阿卡拉・修・藍博士

我現在經常接受邀請，爲了推廣荷歐波諾波諾回歸自性法（Self I-dentity Through Ho'oponopono，簡稱爲SITH）而巡迴世界各國。其實，我的個性適合待在自己的家裡悠閒度日，但是到處訪問，持續進行清理工作，卻是我與生俱來的使命。

在我訪問的地方，對每一個相遇的人，都必須進行清理。更正確地說，我被導引至需要清理的地方，與遭遇問題、必須進行清理的人見面，然後持續消除我自己潛意識中的記憶。

許多人聽到「清理」「消除潛意識中的記憶」這些說法，可能會丈二金剛摸不著頭腦，我以下就簡單地說明。

荷歐波諾波諾認爲，我們潛意識中的「記憶」（Memory）會扭曲我們的生活方式。從世界創造以來累積的各種記憶，反映在我們的行動和生活方式上，產生種種障礙和苦惱。因此只要清除這些記憶，苦惱和痛苦就會消失。

消除潛意識中產生這些障礙或苦惱的記憶，荷歐波諾波諾稱之爲「清理」（Cleaning）。藉著消除記憶，就能恢復原來的形態和生活方式，獲得無限的自由、豐富感和幸福。

記憶位於我們每個人的潛意識中，因此如果消除自己潛意識中的記憶，自己本身和整個世界都會改變。不需要藉助他人之手，自己就能解決一切。

荷歐波諾波諾回歸自性法正是「任何人都能夠」「自己一個人就可以」完成的問題解決法。

關於荷歐波諾波諾回歸自性法，本書第1章透過我與創始者莫兒娜·納拉瑪庫·西蒙那女士的相遇，介紹它的世界觀，第2章敘述什麼才是原本應有的生活方式，第3章解說清理的具體方法。

其次，透過第4章的三人對談加深讀者對荷歐波諾波諾的理解，最後〈附錄〉爲體驗談，希望藉此讓讀者了解實際實踐荷歐波諾波諾的人有什麼樣的經驗。

我希望讀者能處於「超乎所理解的和平」之中。

每一個人都肩負著拯救世界的特別使命，爲了實現此任務，我自己會持續進行清理，也期待更多人利用荷歐波諾波諾的方法進行淨化。

最後要感謝彙整本書的櫻庭雅文先生。與他見面時，我立即發現能透過神性智慧（Infinite/Divine Intelligence）與他溝通。本書是以他對我的專訪爲基礎，再加上他本身的靈感寫成。

另外，在此也要對促成本書出版的德間書店的力石幸一先生、負責企畫並參加三人對談的船井媒體公司的人見Rumi小姐和高岡良子小姐、在日本全力爲我打理一切的平良貝提女士表示謝意。

CONTENTS

第2章

找回眞正的人生，自由、豐富、幸福的生活

C O N T E N T S

第4章

三方對談：人類過去背負的所有煩惱都可以消除

C O N T E N T S

附錄

體驗談：利用荷歐波諾波諾打開美好人生的大門

第1章

過去的記憶使我們無法如己所願地生活！

清理不幸的記憶，恢復本來的生活方式

荷歐波諾波諾原是夏威夷人從四百年前流傳下來的問題解決方法。以前，夏威夷人之間發生某些問題時，相關的人就會以一位協調者爲中心，進行徹底的討論，來療癒人心，他們就是如此解決問題。

本書所介紹的荷歐波諾波諾，是被尊爲夏威夷州寶的已故傳統醫療專家莫兒娜．納拉瑪庫．西蒙那女士（一九一三～一九九二），從神性智慧獲得靈感而開發出來的「荷歐波諾波諾回歸自性法」（Self I-dentity Through Ho'oponopono，簡稱爲ＳＩＴＨ）。

這雖然是莫兒娜女士開發出來的方法，但我認爲它具有更原始且更本質性的形態。因爲，它是更能幫助每個人與神性智慧一體化，並獲得靈感的方法。

所謂神性智慧，意味著「生命的泉源」。可稱它爲創造者或上帝，稱之爲佛陀也無妨，或許也有人將它解讀爲「永恆」。

在夏威夷語中，「荷歐波諾波諾」的「荷歐」（Ho'o）意爲「導致」，「波諾

波諾」（ponopono）則意味著「完美」。換言之，荷歐波諾波諾就是以完美爲目標，來進行「修正」和「糾正錯誤」。

事物變得不完美，是因爲潛意識中的過去記憶重播，而投影到現在。

我們的潛意識儲存著宇宙創造以來的所有記憶，而且每個瞬間能夠存取非常龐大的記憶。我們一般所認識的是意識，而潛意識每秒鐘能夠處理的記憶高達意識的一百萬倍。

其中，疾病、事故、挫折、不幸等過去令人不悅的記憶，反映在我們的人生中，而引起不幸的事情。

現在，我們遭遇煩惱或不幸，或是經濟不充裕，都是過去的記憶所造成的。

莫兒娜女士發明了能消除每一秒鐘不斷在潛意識中累積的過去記憶，並與神性智慧結合的方法。這樣的話，人們不會再被過去的記憶迷惑，而且可以從神性智慧得到靈感，恢復人類原來應有的生活方式。

也就是說，能夠找回原來的自我。

潛意識中塞滿記憶時，靈感無法從神性智慧降臨。要清除潛意識中的過去記憶，就必須不斷地清理潛意識中的記憶。

所有的原因都在自己的潛意識中，因此要帶著感謝和慈愛之心來清理。

我跟隨莫兒娜女士的腳步，努力促進荷歐波諾波諾回歸自性法的普及。我巡迴世界各地舉辦講座，同時持續清理人們所抱持的不幸記憶。

不過，莫兒娜女士和我現在從事的並非什麼新的事情。以釋迦牟尼佛爲首的聖人們，從人類在這個世界上誕生、與神分離之後，就持續在做這樣的事。追根究柢，大家都是一樣的。

爲了使本書讀者們了解與實踐荷歐波諾波諾回歸自性法，首先從我與莫兒娜女士的相遇開始說起。

與多次抗拒、但距離卻漸漸縮短的莫兒娜相遇

我在猶他大學獲得碩士學位，一九七三年在愛荷華大學獲得心理學教育博士，之後出任培育心理學者和教育人員的大學校長，同時從事教育與照護有發育遲緩等特殊問題小孩的工作。

當時我的周遭有許多人都承受著很大的壓力，因此我特別希望照顧家中有殘障子女的家庭。

一九七六年，我從愛荷華遷居至夏威夷，在教育精神障礙學生的學校擔任校長。但因為家庭因素，於一九八〇年結束校長的職務。

一九八二年，在我四十一歲時，見到了荷歐波諾波諾回歸自性法的創始者莫兒娜女士。

我之所以前去拜訪她，並不是為了拓展心理學的新局面或是因為自己有某些煩惱。我完全像是被某種力量吸引般，去參加了她的講習課程，而且是在完全不了解課程內容的狀況下參加的。

課程第一天，莫兒娜女士說：「所有的事情，原因都在你自己。」這正是荷歐波諾波諾回歸自性法的本質。但當時我對此一無所知，只認為她的想法非常奇怪。

而且課程一開始，莫兒娜就指著二十五至三十位參加者的中心說：「你們看到那兒坐著一位中國男士嗎？」

但事實上那裡並沒有她說的男士。我認為她可能精神有問題，因此立即起身回家。

但是一週之後，我又參加了莫兒娜的課程。現在回想起來，我完全不知道自己爲何又去參加前一週才中途離開的課程。

人類常會回顧過去，思考當時爲什麼那樣做，但實際上，那並非自己的選擇，而是受到潛意識的誘導。

我也是跟隨著潛意識，再一次參加莫兒娜的課程。

這次我勉強待到課程結束，莫兒娜在課程結束後向我說：

「在你來的兩週之前，我已經看到你來了。」

我聽了她的話，只覺得：「簡直是騙人！」

莫兒娜看起來是相當親切的婦人，很容易相處，但是她所說的話卻沒有任何根據。

我習慣邏輯性的思考，因此實在很難認同她的說法。

結果我還是無法接受她的觀念，結束了這一次課程。

能直接與神性智慧結合的荷歐波諾波諾

即使如此，我還是再度造訪了莫兒娜女士。我自己也不知道原因，只感覺到有人慫恿我：「去吧！」

我第三次參加了週六、週日爲期兩天的課程。

莫兒娜的課程學費達五百美元，我已經浪費了兩次學費，但是雙腳卻再度自行走向莫兒娜，令我感到相當不解。

由於這一次莫兒娜先仔細地爲我進行了清理，而且我上一次參加她的課程，已了解了狀況，因此第二天就決定與她一起工作。

不過我沒有跟莫兒娜談到有關薪水的事，工作也沒有任何保障。

當時我剛離婚，開始協助莫兒娜的工作，突然從擁有穩定的職業、住在舒適的家中、有家人和小孩陪伴的生活，變成工作毫無保障、沒有住家也沒有家人和小孩的生活。

我曾經兩度抗拒，爲什麼最後仍然選擇這樣的生活，自己也不太清楚。莫兒娜並沒有對我說：「請協助我。」完全是自然形成的。

我的家族中，只有我一個人大學畢業。我高中畢業後，並沒有思考要做什麼事情，毫無目的地於一九六二年從科羅拉多大學畢業。取得博士學位也不是自己有什麼特別的打算而選擇的道路，只能說是受到潛意識所驅使。

與莫兒娜一起工作，我想也是潛意識的緣故。

我們一起工作一年之後，一九八三年，莫兒娜被選爲夏威夷州寶，但是我並沒有想到她是受到如此崇高評價的人。

莫兒娜曾經走入夏威夷人聚集的地方，但是當她一到來，人們紛紛走避。我以爲是因爲她受人尊敬，其實並非如此，原因是她並未教導大家傳統的荷歐波諾波諾，人們因此對她敬而遠之。

流傳四百年的傳統荷歐波諾波諾，是在指導人的主持之下，眾人各自發言以解決問題。但是每個參與者的想法不同，往往無法眞正解決問題。

而莫兒娜則提倡個人能夠直接與神性智慧結合的方法——荷歐波諾波諾回歸自性法。

她將自己分成「尤哈尼（Uhane＝母親、意識）」「尤尼希皮里（Unihipili＝小孩、潛意識＝內在小孩）」「奧瑪庫阿（Aumakua＝父親、超意識）」「卡伊

（Ka'I＝神性智慧）」四部分，開發出以「回歸自性法」的形態，讓每個人與自己內在的神性智慧結合，並恢復原本的生活方式的方法。

藉著清理潛在意識中的記憶，「意識→潛意識→超意識→與神性智慧結合」，就像光能夠從神性智慧穿透至意識般，靈感會從神性智慧降臨。

傳統的荷歐波諾波諾需要一位仲裁者，但荷歐波諾波諾回歸自性法則不需要這類中間人。

世上有各種宗教，有僧侶、神父、牧師、行者等，過去我們人類即使沒有以他們爲媒介，應該也能直接與神性智慧接觸。

我曾經問過莫兒娜女士，爲什麼要發展荷歐波諾波諾回歸自性法。

莫兒娜說，她與神性智慧直接對話，是神性智慧教導她這種方法的。當時神性智慧曾問莫兒娜：「我的作法和宗教的方法，妳會選擇哪一種？」

現在所謂夏威夷傳統的荷歐波諾波諾，最後會說「奉耶穌之名」，然後結束儀式。雖然稱爲傳統方法，但還是引進了天主教的元素。

人類處於開悟的狀態，因此原本應該隨時可以聽到神性智慧的聲音，但卻受到潛意識中各種記憶的影響而無法聽到。由於莫兒娜隨時能聽到神性智慧的聲音，因此她毫不猶豫地依照神性智慧的話去做。

這應是每個人都能做到的事。若能眞正理解這一點，就會以確實的態度進行清理，並聽到神性智慧的聲音；換言之，也就是靈感降臨了。

每個人都能夠直接與神性智慧結合，因此無須神父、牧師、僧侶等中間人士。靈感從神性智慧降臨時，人就不再受到記憶所迷惑，而恢復本來的生活方式，並從疾病、煩惱、痛苦中解放出來，在開悟的狀態下生活。

與大學所教導的治療法截然不同

某一天，有一對母女來找莫兒娜。女兒有某些煩惱，因此母親陪同女兒來接受莫兒娜治療。

兩人坐下後，莫兒娜叫我也一起參加。莫兒娜問對方：「發生了什麼事？」女兒開始敘述，莫兒娜沒有打斷對方說話，自顧自地接電話、沖咖啡，走來走去，並未安靜聆聽。

根據過去我所了解的心理學，治療師應專心聆聽病人的話，因此我對莫兒娜的作法感到非常驚訝。這樣做的話，病人通常會生氣地離開。我在一旁爲莫兒娜捏了一把冷汗。

但大約過了二十五分鐘，這對母女卻很高興地向莫兒娜道謝後離去。

「謝謝，我現在心情好多了。」

後來我才知道，莫兒娜在這對母女來到之前就已進行了清理，這種作法與我所認知的心理學作法截然不同。

女兒煩惱的原因全部都在莫兒娜的心中，而且即使當事人不在莫兒娜眼前，依然能夠進行清理，因此當這對母女來到時，其實煩惱已經消除。

經過一段時間之後，這對母女再度來接受莫兒娜治療。這次是母親爲某事煩惱。

由於上次莫兒娜完全解決了女兒的問題，因此母親也來接受治療。

母親爲了裝設假牙，找了好幾位夏威夷的日裔牙醫，但都無法徹底解決問題。經過多次調整，假牙都不合用。

莫兒娜告訴她：「妳去找一位白人牙醫。」這項建議正是莫兒娜得到的靈感。

這位母親已經八十五歲，在夏威夷，這個年齡的老人通常不會找白人牙醫治療牙齒，因爲東方人比白人更能令他們安心。

母親聽從莫兒娜的建議，接受了一位白人牙醫的治療，僅僅治療了一次，假牙就完全吻合。事後這位母親非常高興地來向莫兒娜致謝，她的笑容讓我留下非常深刻的印象。

荷歐波諾波諾就像這樣，能使人滿足和幸福，因爲它恢復了一個人原本應有的形態。

不過莫兒娜從未表現出得意的樣子。她對自己所做的事，彷彿覺得理所當然。我自然而然地接受了莫兒娜的作法，因此我也從來不覺得她所做的事有什麼了不起。

持續清理能為人生開創新的局面

莫兒娜沒有教我任何事情，她只是幫我清理潛意識而已。因此我得以淨化，並從神性智慧得到靈感。

於是，我認爲我已能夠做這些事情，自己也很想要試試看。

但在莫兒娜去世之前，我還沒有打算繼承她所從事的工作。一九九二年，莫兒娜在德國去世。與其說死亡，或許說進化或變化更爲恰當，因爲事前沒有任何預兆。

這時我才知道，莫兒娜從與我相遇時起，就開始爲我進行清理。因此，她在我來到的兩週之前就已經知道我要來。第二次上完莫兒娜的課程後，她說的話也不是騙人的。

莫兒娜的肉體在這個世界上消失時，我的心中才眞正感受到這個事實。過去我安安分分地生活著，對人生沒有計畫、管理或任何目標，只是一步一步地走過來。即使獲得博士學位，也並非爲了博士而讀，只是讀了之後自然取得博士頭銜而已。

即使是追隨莫兒娜從事荷歐波諾波諾的工作，也是像狗不停地追自己尾巴般，單純追隨著她。我只是持續她以前做過的事，也就是不斷地進行清理。

因此，我到現在還不明白爲什麼要從事這樣的工作，我單純只是認同這種生存方式。

我只是在每一個瞬間、在我存在的地點，進行清理而已。我是爲了清理而存在。

藉著清理，自然會發現我應該做的事，展開新的局面。我經過清理而淨化之後，其他的人也能夠淨化，所有的事物也會先行安排好。

二〇〇八年三月，我在大阪舉辦講座。我投宿在京都威斯汀都酒店的豪華套房，並有勞斯萊斯轎車接送。爲我安排這次行程的，是一位非常成功的日本企業家。他爲糖尿病所苦，希望我爲他清理。

我在日本都是搭乘計程車活動，而在日本爲我打理一切的貝提女士很熟悉地理位置，說計程車並未行走最短距離。而我在二〇〇八年七月造訪東京時，就曾經過靖國神社，遇到了許多需要清理的靈魂。

並非計程車刻意繞遠路，而是會載著我經過應該清理的地方。

就這樣，我常常接受日本人邀請，去爲他們進行清理，而每次到日本，也都會遇見需要清理的新事物。本書第4章我與兩位女士進行的三人對談中，也給了我非常好的清理機會。

如上所述，我不斷地進行清理，並透過清理而獲得新的發展，未來還有無數需要清理的事情等待著我。

我在收容精神疾病罪犯的醫院中清理的體驗

我與莫兒娜一起工作後約一年，進入一所專門收容犯下殺人、性侵等重罪的精神病患的醫院中工作。

我有一位女性友人在政府的精神衛生機構擔任要職，由於這家醫院欠缺精神科醫師，因此與我商量，希望我能接下這個工作。

我在心理學教育方面有豐富的經驗，但並不是精神科醫師，我的工作是培育心理學家，而非治療病患。

我多次說明她所要求的並非我原來的專長與工作，但她很清楚我做的事情，認為沒有關係，因此要求我務必答應。

我對她說，只要將病患的名單給我，即使不去醫院，我也可以為他們清理，但她表示無法將個人資訊洩露給外部的人，因此如果我不同意就職，就無法給我名單。

過了好幾個月，她依然不死心，最後我終於屈服而走馬上任。從一九八三年至一九八七年，我在這家醫院工作了五年。

我來到這家醫院，入口處裝有攝影機，開了鎖進入門內。同樣的動作經過好幾次，才到達病房內部。重重關卡，讓人覺得進來後就出不去了。

當時病房內住滿了罹患精神病的人犯，內部暴力事件頻傳，罪犯經常對職員施暴，每週都會發生一、兩次大騷動。職員在此工作非常危險，進入病房時常須背靠著牆壁，以防受到襲擊。

爲了防止病患施暴，平時會給予大量藥物，或用手銬、腳鐐將他們固定在床上。醫院的職員或相關人士從來沒有思考過盡早治癒這些病患，讓他們出院。

病患如果沒有醫師的診斷書，一步也無法外出。即使病情較爲穩定，被移送至監獄或其他拘留機構，依然戴著手銬、腳鐐護送。

我每天早上上班前就開始清理，工作過程中常發生各種問題，因此會持續清理。另外，在通勤的路上也沒有中斷。我經常思考，爲什麼那些病患同是人類，卻會做出這樣的事，因此不斷地進行清理。

莫兒娜也與我一起清理。我會將內心的想法告訴她，她在我上班時也會爲我清理。我想，如果沒有莫兒娜的幫助，一定需要花費更長的時間才能獲得成果。

我從未指示被收容的病患或看護們，也沒有與病患直接對話過，或舉行任何會議。我只是單純地閱讀病患的資料，同時進行清理而已。

在我閱讀病患的資料時，自己身體內部常會感到疼痛。

這也意味著我與病患擁有共同的記憶。這種疼痛正是使病患產生異常行動的原因，爲了清除這個原因，我必須不斷地清理。

原本平均收容七年的人，僅四、五個月即可出院

有一次，一名身高超過兩公尺、體重約一百五十公斤的巨漢來到我的辦公室，他威脅我：

「修．藍，我可以宰了你！」

我回答他：

「我能做出比殺你更可怕的事！」

我很自然地脫口說出這句話。

如果在平時，這名大漢可能會對我施暴，但這一天，他居然默默地離開了。

我認爲自己能平安無事，主要是因爲曾經做過清理工作，否則，或許我已經不在這個世上了。

我只是持續清理而已。經過幾個月，病患逐漸穩定，藥量開始減少，他們在病房內活動也不再需要戴上手銬、腳鐐。

不久之後，陸續有病患康復，並轉至其他機構。

病房裡的氣氛也大幅改變。

以前，病患出院時還得戴著手銬、腳鐐，但現在都能像一般人一樣走出病房。隨著病患病情穩定，也開始允許他們從事網球、慢跑等活動。

過去，每個人平均被收容七年，但現在有人只需四到五個月就可轉至一般監獄。

這家醫院每年大約花費五萬美元在一名病患身上，七年合計三十五萬美元。平時總共收容四十人左右，加起來可說是相當龐大的經費。

病患病情的改善時間從七年縮短爲四至五個月，每個人的平均費用可減至兩萬美元以下。

這裡的職員過去因爲工作危險而且壓力大，經常假借生病名義請假，但自從病患病情穩定後，工作減輕不少，反而變得人手過多。

另外，以前醫院內不論種植任何植物都很難存活，深夜沒有人使用的廁所馬桶也時常自動沖水。這是因爲過去在病房內死亡的病患靈魂仍認爲自己沒有死，而留在病房內。

經過清理，已故病患的靈魂消失後，廁所馬桶沒有人使用時不再沖水，植物也欣欣向榮。

過去被認爲症狀絕對無法改善的病患相繼出院，我辭去這項工作時，院內已見不到暴力，最後所有病患都出院了。

我在院內持續進行清理，並沒有爲任何人治療。這是非常重要的。我只是清除了內心的所有記憶，而內在的記憶消除後，院內收容的人也跟著改變。

要視為百分之百是自己的責任，否則無法解決任何問題

上述收容精神疾病罪犯者的醫院所以能夠成功，原因是持續進行清理，而從未考慮結果如何。不論面對任何事情，都認爲所有的原因在自己的內在，進行清理

的人就能找回自己原本的生存價値。

潛意識的記憶若委託他人爲我們清理，是永遠無法消除的。

這個世界上有四種人——任何人（anybody）、每個人（everybody）、有些人（somebody）和沒有人（nobody）。

假設現在有一件非做不可的重要工作，這個工作是任何人（anybody）都能夠做到的，因此大家都認爲有些人（somebody）會去做，結果誰也（nobody）沒做。原因就是每個人（everybody）都以爲其他人會去做。

每個人都會做，但任何人都沒有做的結果，就是大家都怪罪他人。

就這樣，大家都不認爲是自己的責任。如果沒有人承認百分之百是自己的責任，任何問題都無法解決。

碰到某些問題時，我們總是歸咎於國家、政治或某人，卻從不認爲自己有責任。

誰都會做，今後任何人也都可以做，但是卻都怪罪國家、政治、制度，而裹足不前，這樣問題永遠無法解決。

我希望大家都能注意到這一點，否則整個團體、社區、國家，甚至地球環境，一切都會被破壞。

清理的機會來到面前，自己卻不加以清理，認爲與我無關，日後必定會發生更大的問題。

若不負起百分之百的責任，那麼或許有一天，自己的子女、甥姪輩、孫子或某個親戚將負起這個責任。

疾病、意外、各種失敗或過錯，就是這樣發生的。

我經常巡迴世界各地舉辦演講或講座，如果對某一件事情未負起百分之百的責任，我的孫子或曾孫同樣可能遭遇重大的問題。

不論發生任何事情，百分之百的責任都在自己

如上所述，荷歐波諾波諾中最重要的概念，就是不論任何人發生任何事情，百分之百都是自己的責任。

我在夏威夷爲一位事業非常成功的企業家提供諮詢，每週通話一次，在電話中談論各種問題並給予他建議。但事實上，電話中的談話內容本身並不重要，眞正

重要的在我心中。

他在約好的時間打電話來之前，我的腦海裡已浮現他的形象，這時，我便將心裡產生的感覺清理掉。因此，他在打電話之前已處於沒有煩惱的狀態。

透過這種諮商方式，他變得更有自信，發行了新的雜誌，並推動新的計畫，更有活力地投入工作之中。

由此可知，我並不需要見到當事人，如果他有任何煩惱，我認爲都是我內在的某些記憶使他經驗此煩惱，我只要將此部分清理掉即可，沒有必要了解對方煩惱或痛苦的具體內容。

顧問、諮商師、醫師等會針對委託人或病患煩惱、痛苦的原因給予建議或進行治療，他們並不會認爲自己內在的記憶才是患者生病的原因。

這些以面對他人煩惱爲職業的人，有時會承受對方的煩惱而罹患疾病。例如許多優秀的心臟科醫師在六十歲過後，因爲心臟疾病而死亡。

因此，身爲醫師的人對病患不可抱著來者不拒的想法。有些人你可以爲他們治療，有些人則是可以拒絕的。

但如果是清理的話，只有適合自己的人會找上門來。

以前也有一位精神科醫師來參加我的講座，但他似乎擔心進行清理後病人和工作都會減少。最後證明這是杞人憂天的想法。

這位醫師在很短的時間內就因爲治療成果卓著，而受到很高的評價。現在他每週只看診三天，而且收入比以前增加不少。

出發點為「接受一切都是自己的責任」

接受「百分之百爲自己的責任」這個概念，同時持續清理，問題自然能夠解決。以下就介紹因爲無法控制自己情緒而煩惱的馬里納．奎雷洛的親身體驗。

我的荷歐波諾波諾體驗

克服記憶所產生的現實

馬里納．I．奎雷洛

二〇〇四年，我差一點失去工作。

當時我有很好的工作和優秀的屬下，但每當壓力大或感到孤立，特別是同時受到這兩者襲擊時，我往往就會遷怒屬下。

以前我就被上司和部長警告過，但是屢勸不聽，最後終於面臨了可能遭到停職的命運。

上司建議我參加員工協助方案（Employee Assistance Program，簡稱EAP），接受情緒控制和領導能力的訓練。

剛訓練完時，確實有一些效果，但是很快又故態復萌。

我從一九八五年開始實踐荷歐波諾波諾，但始終無法做到「自己負起百分之百的責任」。直到部長下達最後通牒：「再不改善的話，不得已只好採取嚴厲措施了。」我才警覺事態嚴重。

我對部長充滿了不滿，各種關於他的想法在我心中打轉。

我並不是以敬愛的眼神來看部長，而是透過記憶來看他。透過記憶，我眼中的部長是惡人中的惡人——心地邪惡，與員工相爭，或在眾人面前讓屬下難堪。

在透過記憶產生的現實中，部長是個會在背後中傷別人的性別歧視者。透過重播的記憶所看到的他，更是個犧牲他人來成就自己的利己主義者。

當時我並未理解，我所相信的現實只不過是我個人的想法，也沒有領會到映在我眼中的部長，只是我自己內心記憶的投射而已。

若我不對自己的想法負起百分之百的責任，就無法理解所有的原因都在自己。

我只看到自己以外的部分，因此並不知道所謂「百分之百為自己的責任」是指反觀自己本身。

雖被上司告知「將採取嚴厲措施」，但我仍希望繼續自己的工作。這時，我終於真正覺悟自己必須有所作為。

我開始清理所有的事情，就算不明白其意義，我還是清理一切。每當湧起某種感情或浮現某些想法，我就一個一個將它們全部清除。

對於產生狀況的所有原因，特別是與家族、親戚、祖先、上司、同事、屬下的關係，都加以清理。另外，接受訓練時，在事前、訓練中和事後，我都進行清理。

更重要的是，我針對我在被創造之前一直遭到漠視，以及我將尤尼希皮里（內在小孩）排除在自己的人生之外這兩件事進行清理。

我持續清理了數個月。在這段期間，我發現自己對部長的厭惡沒有以前那樣強烈，也不再有孤立感。

我不再任意遷怒屬下，當然其中原因也包括我知道自己如果再不改進，將會失去工作。

實際上，最痛苦的就是領悟到必須確實而努力地進行清理的一瞬間。在非常辛苦的一年內，我不斷地進行清理；經過一年之後，清理變成了自發性的工作。我就是這種一旦養成習慣就無法停止的人。

數個月後，部長被調到其他單位。真是令人難以置信！

下決心承擔百分之百的責任之後，對於部長，我的課題似乎結束了。我的心裡不再需要他，換言之，任務完成了！

透過清理，我了解到是部長給了我學習觀察自己的機會。如果沒有他，我大概也不會自己負起所有的責任。

部長送給我的禮物具有極高的價值，我由衷感謝他。

在部長調職之前，還有一點要感謝的，就是自己負起所有責任給了我更美好的人生。

我連作夢也沒有想到，部長會調往其他單位。

現在我已能夠依神性智慧來看部長——不透過我和他記憶的鏡頭，而是如神的預料般，以完美的形態存在。

我現在仍時常回想起剛聽到他調職消息時的感覺，心情像是看到陽光從烏雲的空隙中照射下來，一切都昇華了，我和部長也自由了。

馬里納遭遇的問題，因爲他「負起百分之百的責任」並進行清理，而獲得解決。由此可知，出發點就是「接受一切都是自己的責任」。

醫院中的混亂，所有原因也都在自己的內在

進行心理諮商時，諮商師會思考如何處理病人遭遇的問題，因爲他們認爲問題在病人心裡。

但是荷歐波諾波諾則認爲問題都在自己的內在，因此必須清理自己的內心。所有的原因都在自己。

如果覺得某個人心裡有厭惡或醜陋的部分，它們同樣也是在自己的內在。若能清除掉自己內在的東西，那麼任何人的厭惡或醜陋的部分都會消失。

提到前述收容精神疾病罪犯的醫院時，有人問，直接教導病患清理的方法，不是可以更快解決問題嗎？但我如果不清理自己的記憶，被收容的人是無法自由的。

有看護和職員看到病患的變化，也紛紛爲了他們個人的苦惱來找我商量，但我並沒有教導這些醫院相關人士清理的方法，因爲過去醫院混亂的原因完全在我自己之內。

不過，我還是指導了一個人。

這個人是醫院的職員，只要他在醫院裡，病患都會保持安靜，因爲他會用力扭住病人的腋下。這是非常疼痛的，因此病患都怕他，他在時都不敢引起任何騷動。

這名職員也發現我在的時候病患同樣不會發生騷動，因此便來問我，想要知道我用的是什麼方法。

他曾在越戰中擔任步兵部隊的斥候兵，這是隨時都會面臨危險的任務，而這個精神創傷使他成爲非常冷酷且嚴厲的人。

他的精神狀態似乎有些不平衡，熱中於一些危險的遊戲，例如故意超越警車，讓警車來追逐他。此外，他發起脾氣來就會失去理性，在醫院工作的期間，還曾經被捕坐牢。

他對自己的性格也感到相當困擾。他知道我利用荷歐波諾波諾改善了混亂的收容醫院後，向我表示希望能控制自己的情緒。

他的這種生活方式，原因也在我的內在，但我應付醫院的工作已捉襟見肘，因此將清理的方法教給了他。

開始實施荷歐波諾波諾後，他的性格明顯變得穩定，連護士們對他的變化也感到驚訝。

遵從神性智慧的靈感而生活的莫兒娜

我除了在收容精神疾病罪犯的醫院工作外，週末則在莫兒娜的講座中協助她。從莫兒娜身體仍相當健康的時候開始，有部分課程已由我主持，其他課程仍由她擔綱，我們攜手推廣荷歐波諾波諾回歸自性法。

但是她從來沒有教導過我任何事情。當她進行清理時，我自然能夠看到我接下來應該做的事情。

關於莫兒娜，有幾件不可思議的事。

例如有一次赴亞歷桑那州時，課程輪到我主持，莫兒娜則如往常一樣，閉著眼睛坐在後方。我忽然察覺到參加上課的學員身體都在搖晃。

我正感到奇怪爲什麼大家一起搖晃，再一看莫兒娜，她也在搖晃著，原來所有的人都跟隨著莫兒娜的動作在搖晃。

莫兒娜是個有獨特感覺的人。

有一次上課時，有人問我一個問題。我無法答覆，只好說：「我不知道如何回答。」坐在後方的莫兒娜突然張開眼睛說：「這是個無聊的問題！」說完又低下頭。

我知道應該配合參加者，因此有人提問時會考慮「明確回答或是迂迴答覆」，但絕不會說問題「無聊」。

另外，有一次我們在夏威夷大學舉行講座，當時莫兒娜在演講，一名聽講者提出問題，她回答說：「你的前世曾經是海帶。」

對於無聊或沒有常識的問題，莫兒娜絕對不回應，完全依靈感來反應。

莫兒娜實在是一位奇妙的女士。不過，透過她的清理，卻大幅改變了我的人生。

第2章

找回真正的人生，自由、豐富、幸福的生活

接受來自神性智慧的光，才是本來的狀態

《般若心經》中有一句話：「色即是空，空即是色。」這意味著世上我們所認識的一切事物都是「空」（Void）。

在佛教中，所謂「空」就是指開悟。不論發生什麼事，若能體認到這一切都是發生於自己的內在，而且將它們從自己的潛意識中消除，這些事都會消失。

原本我們應該都是處於「空」的狀態，荷歐波諾波諾就是能使我們恢復出生時「零」的狀態的方法。

佛教的「空」是指看不見任何東西、沒有任何東西的狀態。我們的潛意識如果是沒有任何東西的「空」的狀態，光就能進入我們的意識之中。其實我們隨時都能接受光，只是被潛意識的記憶遮蔽了。

我們在人生中經驗的所有問題和困難，都是因爲我們的記憶重播而發生的。

因此，利用荷歐波諾波諾來清理潛意識，可使它成爲「空」的狀態，光自然能夠通過。這樣的話，就能毫無遮蔽地從神性智慧得到靈感。

莎士比亞的名作《哈姆雷特》中，主角哈姆雷特在著名的一個章節「生存還是毀滅？這是個問題！」（To be, or not to be—that is the question.）中表現了他的煩惱。但是在獨白的最後，他這樣說：

顧慮使我們都變成了懦夫，
使得那果斷的本色
蒙上了一抹憂鬱的慘白，
本來可以開創偉大的事業，
由於思慮而化爲烏有，
喪失了行動的能力……

這種「顧慮」和「思慮」正是記憶，記憶「使我們都變成了懦夫」「使得那果斷的本色蒙上了一抹憂鬱的慘白」「本來可以開創偉大的事業，由於思慮而化爲烏有」「喪失了行動的能力」。

因此，若能消除潛意識的記憶，如同哈姆雷特所說的，人就能夠變得勇敢，並完成偉大的事業。

人類透過潛意識的有色眼鏡觀看世界和生存

原本我們是處於開悟的狀態，沒有潛意識的記憶，也沒有任何東西，因此是沒有言語地安靜生存著。但現實中受到記憶干擾，導致光無法穿過，並使記憶重播。就因爲如此，我們常根據記憶，憑第一印象來解讀其他人。如果是沒有記憶的「零」的狀態，我們可以直接透視對方，但人類總是透過記憶來觀察他人。

之前介紹了我在收容精神疾病罪犯的醫院工作的經驗，如果與某個人接觸時，認爲「他是殺人犯」，那麼記憶就會成爲障礙，而無法看見這個人的原來面貌。即使不是精神病罪犯，一個人曾經做過什麼事、說過什麼話，這些資訊都會成爲先入爲主的觀念，而讓人無法看見本來應該看到的一面。

這種先入爲主的觀念是我們根據自己記憶的看法製造出來的。人類常透過這種有色眼鏡看人，這種現象就好像生了病一樣。

因此，我們必須拋棄這樣的記憶。換言之，「拋棄記憶」＝「清理」。

我們可自由選擇擺脫這種記憶的束縛，以恢復自由，或是繼續忍受被束縛的痛苦。也就是說，我們可以自由選擇是否實踐荷歐波諾波諾來過生活。

這與記憶的好壞無關，因爲如果不斷地進行清理，就沒有正面與負面之分。

佛教教導人不要執著。放棄執著，成爲「無」的狀態，才能夠開悟。

所謂荷歐波諾波諾，就是「擺脫現在自己生活的世界」，如此才能夠獲得眞正的自由。

與神性智慧結合，所有的責任都在自己

下頁的圖是我們每個人的意識結構。

最上層是生命之源的「神性智慧」，如本書開頭所述，將它視爲上帝、佛陀或最高的神都可以。

這裡最重要的，就是神性智慧在我們之內。

因此，我們不能依靠別人，也不能歸咎別人。

神性智慧位於我們的內在，因此我們無法求助他人，一切只能自己解決，也就

自性＝意識的結構

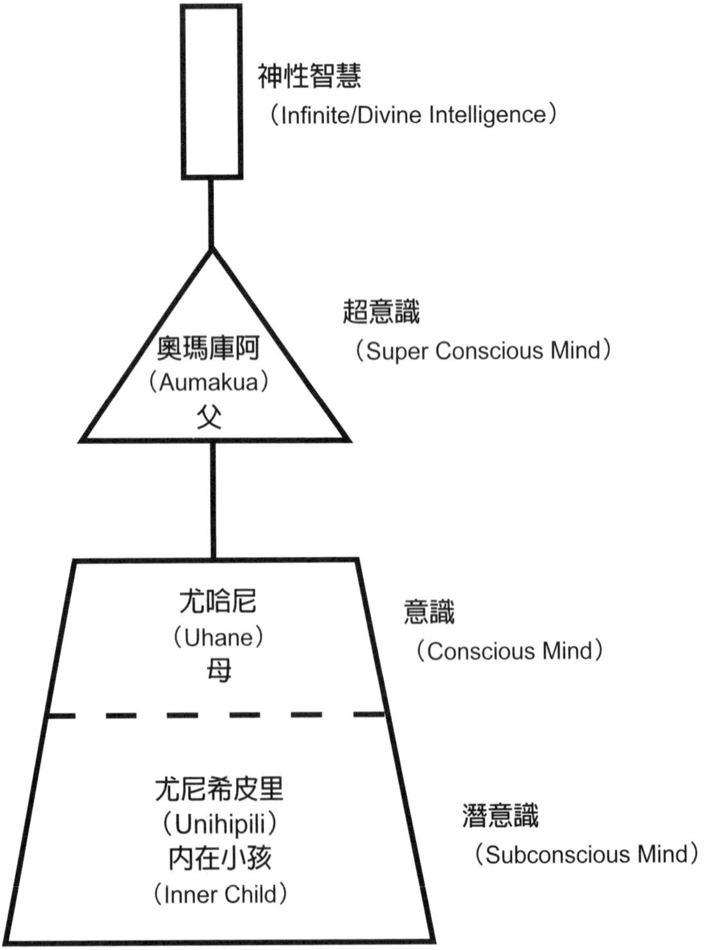
神性智慧
(Infinite/Divine Intelligence)
超意識
(Super Conscious Mind)
奧瑪庫阿
(Aumakua)
父
尤哈尼
(Uhane)
母
意識
(Conscious Mind)
尤尼希皮里
(Unihipili)
內在小孩
(Inner Child)
潛意識
(Subconscious Mind)

是「所有的責任都在自己」。

而且，只有神性智慧能消除潛意識的記憶。

在神性智慧之下的「超意識」（Super Conscious Mind），總是與神性智慧一體，發揮結合人類潛意識與神性智慧的功能。

如前面介紹的，夏威夷人稱這種超意識爲「奧瑪庫阿」（Aumakua）。「奧」（Au）意爲「超越時空」，「瑪庫阿」（Makua）則是指「上帝」或是「神靈」。確實，在每個人的心中，神性智慧與意識是結合在一起的。

超意識中沒有任何像潛意識中的記憶，或是意識中的認知般的東西。

對潛意識而言，超意識如同父親般存在，它能統合來自潛意識的資訊或願望，並向上傳達給神性智慧。這樣的話，神性智慧就能消除潛意識中的記憶，並使靈感降臨。

超意識之下爲「意識」（Conscious Mind），是我們一般所認識的內心和頭腦中的狀態。夏威夷人稱之爲「尤哈尼」（Uhane），對潛意識而言，如同母親般存在。

最下方爲「潛意識」（Subconscious Mind），它的各種記憶會阻礙我們從神性智慧獲得靈感，以及過原本應有的生存方式。而且，它的負面記憶的重播，也會導致各種煩惱、痛苦和疾病。

夏威夷人稱潛意識爲「尤尼希皮里」（Unihipili），意味著「內在小孩」（Inner Child）。

內在小孩像是沒有受到疼愛而長大、且欠缺教養的孩子，即使高貴，卻會增加疾病、痛苦、煩惱等負面記憶。

從最上方的神性智慧到最下方的潛意識，這個整體就是我們每個人的自性（Self I-Dentity）。

人為了消除記憶而誕生於世上

潛意識隨時可以存取龐大的記憶。

假設我們的意識每秒鐘的思考量爲一，那麼這時潛意識的記憶可達到一百萬。也就是說，潛意識每秒鐘可存取的記憶達意識的一百萬倍。

而且，潛意識可存取這個世界誕生以來的所有記憶。

雖然潛意識能處理如此龐大的記憶，但我們卻不自覺。我們就是被這種無法察覺的記憶侵占和洗腦了。

記憶沒有好壞之分，一切都是單純的記憶資料。

記憶中包含了所有美好的事情和不幸的事件，我們就是根據這些記憶而行動。

控制我們的是一百萬個資料，但我們只認識其中百萬分之一。即使想了解之後再行動，事實上卻根本無法知道操控我們的到底是什麼東西。

人類從出生之時起，就是爲了清理潛意識的記憶而生存。由於潛意識不斷存取龐大的記憶，因此即使是嬰兒也不可能與過去的記憶無關。

女性如果從懷孕前就開始清理自己，就能孕育適合自己的小孩。從形成胎兒之前就持續清理，胎兒和自己都能在淨化的狀態下生產。

如果母子的記憶都完全清除，那麼母親應該不會害喜。精子和卵子在受精時會因爲各種摩擦而產生記憶，因此若沒有記憶，當然也不會有害喜的反應。

但是，即使是嬰兒也不可能在記憶完全清除的淨化狀態下出生，因爲我們可說是爲了消除記憶而誕生於世上。

如果沒有必要消除記憶，我們也就不會出生來到這個世界了。

治療師單是清理即可，不須理解煩惱的內容

荷歐波諾波諾是消除自己潛意識的記憶，得到眞正的自由，以恢復原有面貌與狀態的方法。要解決別人的煩惱或痛苦時，同樣可以這樣做。總之，就是消除自己內在的記憶。

通常，治療師會聽取患者的煩惱，然後根據煩惱內容提供因應的建議。但是利用荷歐波諾波諾來解決問題時，完全無須知道煩惱的內容。

只要進行清理，不知道病人的煩惱或痛苦也無妨，因爲即使了解了，也無法知道使病人煩惱或痛苦的原因位於數量達自己意識百萬倍的潛意識之記憶中的何處。

甚至沒有必要與帶著煩惱來求助的人見面。即使不與病人見面，或不知道對方煩惱和痛苦的內容，依然可以利用荷歐波諾波諾來清理。

實際上，在病人來到之前，只要有對方的名字，就可以準備進行清理。當我潛意識中對這個人的記憶成爲零時，他的煩惱也可以消失。

治療之所以不順利，就是治療師本身潛意識中的記憶沒有消除的緣故。若認爲問題的原因在病人身上，就不可能眞正解決問題。

不過，利用荷歐波諾波諾來進行清理，仍然會收取若干治療費，因此病人來到時，通常還是會詢問他的狀況，裝模作樣一番。

前面曾提到有人來接受莫兒娜治療時，莫兒娜自顧自地在屋子裡走動或做其他的事，這是因爲莫兒娜完全不在乎別人看法的性格所致。

荷歐波諾波諾消除潛意識記憶的過程

荷歐波諾波諾回歸自性法由「懺悔」（Repentance）、「原諒」（Forgiveness）和「轉化」（Transmutation）三個要素組成。

懺悔是荷歐波諾波諾消除記憶的最初階段。這是意識認知到潛意識中記憶重播的責任，然後悔改。

請求原諒與懺悔相同，是消除潛意識中的記憶時不可欠缺的要素。意識在懺悔的同時，要請求神性智慧原諒。

神性智慧接收到意識懺悔與原諒的請求，於是轉化潛意識的記憶，並將它們消除。只有神性智慧能轉化潛意識的記憶。

下頁的圖就是消除潛意識的記憶，從神性智慧得到靈感，恢復原本生存方式的具體過程。

1.意識發揮作用，疼愛潛意識的記憶，亦即自己的內在小孩，並引導改變記憶。
2.來自意識的願望，自潛意識向上傳達給超意識。
3.超意識始終與神性智慧共鳴，並整理來自潛意識的願望，向上傳給神性智慧。
4.神性智慧接受超意識傳來的願望。於是，「瑪那」經由超意識、意識降下，消除潛意識的記憶，使它成為「無」的狀態。
5.潛意識的記憶消除後，靈感就能從神性智慧，經由超意識、意識而降臨。
6.因為得到靈感，不知不覺中就能過著原本應有的生活方式。

第4點中提到的「瑪那」（Mana）為夏威夷語，原本意味著「上帝擁有的力

消除記憶、得到靈感的過程

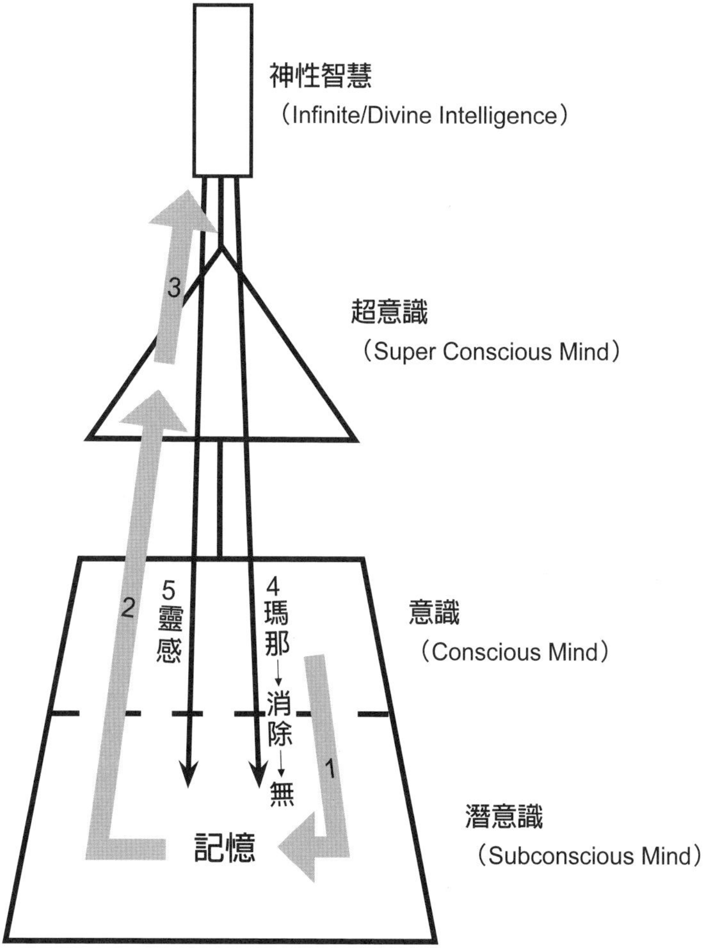

量」。它就像清潔劑與刷子般，能爲我們洗去潛意識中頑固的污垢和記憶。

瑪那淨化潛意識後，靈感就會降臨。若不將記憶清除，靈感是不會降臨的。

在此前提之下，我們的意識、潛意識、超意識如果無法「三位一體」，就無法到達神性智慧。要做到如此，必須用愛的言語來愛護內在小孩。

從神性智慧降下來的靈感都是資訊，但並非根據思考得到的東西。當靈感降臨時，無須思考就能成爲這樣。

之後，只要循著這個方向，不論對自己，或對所有的存在而言，都能正確地行動——或許你以前完全沒有想到這種行動。

要受記憶束縛而生存，或是藉由荷歐波諾波諾恢復原本的生存方式，擺脫記憶的拘束，完全取決於自己。

動植物和所有物品都處於開悟狀態，而且具有意識

如前所述，要擺脫記憶的束縛，恢復自由之身，或是繼續忍受被束縛的痛苦——換句話說，是否實踐荷歐波諾波諾——選擇權掌握在自己的手裡。

利用荷歐波諾波諾來清理，樹木、土地都會開始愛你，周遭的人也一樣。

前面介紹了我在收容精神疾病罪犯的醫院的工作經驗，曾經染血的土地也可以一夕之間淨化，而且相關的人、建築、植物等也都會改變。

例如，開始清理，周遭的事物都愛自己之後，公司會來跟你對話：

「我們現在都處於這樣的狀態，請給我們自由！」

你自然會像這樣聽到公司的聲音。

我們常自認爲擁有自己所經營的公司，若能放棄這種想法，公司自然會爲你提高業績。因爲公司也是一種存在，它本身就是處於開悟的狀態。

有一位客戶找我諮詢，他打算出售一塊土地，對此事非常執著，但我對他說：

「請放下土地的事。這樣一來，這塊土地便會自己找尋更適合它的下一位擁有者。」

他接受了我的建議，果然很快就出現了下一位擁有者，因爲我聽到了土地發出的聲音：「希望這個人買這塊土地。」

讓我們行動的只是百萬分之一的記憶而已，不須思考如何做，只要思考放手即可。包含土地在內，各種事物都有自己的意識，即使我們自認爲擁有它們，卻無法管理它們的意識。

想有所作爲卻無法如願，但只要有了放手的覺悟，自然可以找到買主，並獲得超出預期的利益。

調整肉眼看不見的能量與共鳴

有一位建築家利用荷歐波諾波諾清理自己的內在，而建立非常成功的事業，以下就加以介紹。

他所設計的建築都獲得委託人非常高的評價，不僅如此，與他的工作相關的人們，也都受到荷歐波諾波諾的正面影響。

我的荷歐波諾波諾體驗

我也能淨化建築物和土地

遠藤亘

某天我在瀏覽網路時，偶然看到一段文字：「世界上最奇特的治療師」。

它的內容寫著：

「我只是療癒了我自己內在創造出他們的某一部分（part）而已。」

閱讀了這段話的一瞬間，我認為：「我找到了！」再繼續往下閱讀，決定性的語句出現了。

「它單純存在於你的人生之中，那就是『你的責任』！」

我直覺自己多年來一直找尋的東西，就在修．藍博士的這句話中。

於是我立即報名荷歐波諾波諾回歸自性法的基礎課程。

第二次基礎課程的第一天結束後，修．藍博士建議我：「如果知道住址，就能夠淨化。」那時我心想，我的感覺果然沒錯。

我多年來一直在找尋自己也能夠實踐的土地和建築物淨化方法，而且希望它能成為我工作的基礎。

我的工作是建築業，主要業務包括住宅、商店、大樓的改建工程等，總是在處理物質性的東西，因此希望找到能夠調整肉眼無法看見的能量和共鳴的「某種方法」。

這個方法正是荷歐波諾波諾回歸自性法。

課程結束後，我再一次詳細理解所學的內容，並決定利用它來建立自己的工作模式。

基礎課程結束的三天後，多年來為我進行身體整復的整骨師跟我連絡，表示想裝修房屋。經詳細詢問之後，才知道他的妻子每個月會請冥想師至家裡舉辦冥想會，因此打算整修房子。

自己的新工作模式尚未完成，就受到我所尊敬的整骨師所託，於是我立即開始每天清理自己的內心。

開始實踐荷歐波諾波諾後的第三天，我發現自己充滿幹勁，並告訴自己：「要加油！」

實際上，我所以會希望調整土地和建築物的能量與共鳴，正是受到這位整骨師的啓發。而接受修．藍博士的建議後，加上受到我所尊敬的整骨師委託，使我振奮起來。

這時，我首先清理掉我的興奮之情，然後再次深入思考「是誰」在這樣做。

我一無所知，也沒有力量，但我深信只要專心清理我的內心以恢復零的狀態，神性智慧必能使共鳴回到正常狀態。因此在工程開始前的大約五十天中，我每天不斷地清理自己的內心。

之後工程順利進行，並毫無問題地完成。我的心裡有一種不同於以往、難以言喻的感覺。

「未來我要更加磨練這種方法來工作」的想法，改善了我更深層的部分，因而湧現成就感、充實感和感謝的心情。

工程結束後，整骨師的妻子誇獎：「比以前好多了，你們完成了非常棒的工程！」還說：「參與工程的師傅們也都是非常好的人。」

不僅工程內容獲得肯定，連整個團隊都受到誇獎，使我更覺得高興。

接下來的工作是一家畫廊的裝潢工程，當然我繼續實踐了荷歐波諾波諾。

完成之後，客戶表達了同樣的感謝之意：「裝潢得非常棒，更重要的是，每個師傅都非常友善。」

再下一個工程，不論完成的建築物和師傅也都備受讚賞。

我確信荷歐波諾波諾不論對人、物品、完成的工作等所有事物都非常有效。

只要先清理，然後仰賴神性智慧即可。

現在，我覺得人生有了很大的改變。與修．藍博士及荷歐波諾波諾回歸自性法相遇，真的太好了。

今後，對於存在於人生中的所有事物，我會負起百分之百的責任，並不斷地省視內心，進行清理。能與修．藍博士及荷歐波諾波諾相遇，也由衷感謝平良貝提女士，謝謝妳。

除此之外，遠藤亘先生還寄來了另一篇體驗談，將在本書的〈附錄〉中介紹。

放下執著，一切都能順利

前面介紹了土地和建築物的例子，公司也是一樣。

假設公司因為人才不足，無法順利推動工作，或找不到適合的人才而煩惱，這時如果拋棄非雇用新人不可的執著，使公司自由的話，以現有的人力就能充分推動業務，使工作順利進行。

現在的人員中，有人會發揮出意想不到的能力，或是公司自然建立起能夠產生利益的體制。

土地、建築物、公司都處於開悟的狀態，因此它們都知道各自應該做什麼。

在這個世界上，不僅人類，其他的動植物，甚至小文具、螺絲或別針等，都各自獨立而無須依賴任何人。

因此，我自己的家、汽車、冰箱等，我也教導它們清理的方法。

例如汽車故障是我內在的記憶引起的，我自己的外在什麼事也沒有發生。因此，如果汽車有何異狀，都是自己的意識與汽車結合，投影在汽車上所致。

但若拋開位於自己意識中的汽車部分，汽車與你的關連就會消失，它本身會開始做它想做的事。

我們平常以為不具有意識的事物，其實都是有意識的。

以鋼筆為例。鋼筆的製造廠商如果有負債，鋼筆也會繼承負債的體質而存在。

然後，某家公司使用這種沾染了負債體質的鋼筆，負債體質就會投影在這家公司上。

如果先教導公司清理的方法，它就能自行清理，然後來到公司的將是適合這家公司的鋼筆，而不是具有負債體質的鋼筆。

我在收容精神疾病罪犯的醫院工作時，就會教導收容所的建築物清理的方法，使它也能自動進行清理。

自己本身不改變，世界也不會改變

前面敘述了不要思考自己打算做什麼，只要思考放手即可。過於執著不會得到好的結果。

夏威夷教育局曾經邀請我在一次召集校長舉行的會議中演講。

像往常一樣，我在演講前就開始清理。但是在清理的過程中，我了解到不論我說些什麼，都不可能再次受邀到同樣的場合中演講。

因爲我清楚地看到，不論我如何清理，校長們都不會傾聽我的演講。

這是重要的關鍵點：利用荷歐波諾波諾做任何事情時，絕不可考慮自己的利益，必須從對所有人都最有利的觀點來思考，而非爲了自己。

想要做某件事，就代表有某種意圖，但是想要獲得這種成果的想法本身會成爲一種控制。因此，我無時無刻思考的，都只是恢復零的狀態而已。

來到演講會場，裡面有二、三百位校長。

有關荷歐波諾波諾的三十分鐘演講，進行至還剩下最後一分鐘左右時，我心想：「還好，沒有人提出問題即可結束演講。」

但是正當我說完、準備離場時，有一位校長舉起了手。這時我心想，因爲這個人的提問，我大概不會再受邀來到這裡了。

他的問題是：爲什麼不將預算用在教育，卻用在犯罪者的行爲矯正上？

我進行清理，獲得了關於此問題的靈感，但是對我而言卻很難啓齒。

我聽到的答案是：「犯了罪關進監獄裡的人，都是你們學校的畢業生。」

我知道如果說了這句話，我就不可能再受邀進行這種每次五十萬日圓的演講，但我還是不得不說。

我認爲是我內心產生的某種原因使我無法再受邀來演講，但是對於經過清理之後說出來的那句話，我毫不後悔，於是心情愉快地離開現場。

若要改變世界，只有先改變自己。

這些校長也必須改變自己，但他們並沒有改變不再邀請我演講的意思。這樣的話，世界不會改善，因爲自己不改變，世界也不會改變。

執著於自己想要的結果，就不會產生好的結果。

希望這樣、希望那樣，都是自己的執著。唯有放下執著，成爲零的狀態，世界才會開始朝向眞正好的方向移動。

站在零的立場，才能恢復本來的面貌，扮演好自己的角色

一切都從零開始。最近也有科學家主張，永遠就是存在於零之中。但是，科學家進行思考，希望獲得答案，在他們思考時就形成了記憶。

而且若有某種意圖，或想要做什麼事，就不再是零的狀態。它是潛意識中的記憶重播，而表現爲欲望或願望。

因此，希望成爲職棒選手或太空人，就是過去的記憶重播而產生的欲望，並非

零的狀態。

只要站在零的軸上，與努力無關，該發生的事自然就會發生。包含財富在內，所有必要的東西只存在於零的境界。

內在的神性智慧能製造對自己而言最適合的人、事、物和緣分，並將自己帶往必要的地方。

想要這樣、想要那樣，都是一種「命令」，但比起這些小事，神性智慧會給你更大的東西。

佛陀曾說，成爲「空」後才能開悟。達到零的境界，將得到所有必要的東西。但若無法成爲零的狀態，連什麼適合自己都無從得知。例如一個人即使希望考上大學，也無法了解這個願望能否將他引導至眞正應有的生存方式。

我的朋友中，有人每年能賺取五、六十億美元，但他未必幸福，因爲他的心已被欲望占據。

想要幸福度日，有一、二百萬美元就已足夠。要獲得眞正能夠滿足的生活，就必須成爲零的狀態。

若能達到零的境界，不論人類、物品、動物、植物，都能夠扮演原有的角色，恢復本來應有的面貌。

若要乞求上帝，上帝位於零的地方。要追求美，美也位於零的境界。眞實、藝術都在這裡，無限的豐富也在這裡。

本書開頭說神性智慧是創造者，因此它知道什麼是最適合的東西，什麼是最能獲得幸福的方法，最適合的配偶、最適合的工作、最適合的家……它全都知道。妨礙它的，就是我們的思考和記憶。

若成爲眞正淨化的狀態，沒有欲望也沒有未來，與其他人之間的邊界也消失，成爲眞正零的狀態後，一切都變成像家族一般。

這就是所謂的「合一」（Oneness）。只要想像未來，就會進入記憶的世界，因此「零」是沒有時間、也沒有任何東西的狀態。

一切變成零之後，紛爭都會消失，憎恨、嫉妒等也會消失。

不過，我並不知道自己是否已達到零的狀態。因此，我認爲無時無刻持續進行清理，比成爲零的狀態更爲重要。

無須任何努力，自然能發揮特殊才能

利用荷歐波諾波諾持續清理潛意識，處於零的境界，靈感就能從神性智慧降臨。

達到這種狀態後，一個人無須努力，就能發揮他原本具備的能力。因爲得到了靈感，不必努力，也不用下任何工夫。

海頓、貝多芬等都是被稱爲古典派的天才音樂家，另外，據說莫札特更能依樹葉的飄落方式感覺到音階來作曲。

不需要有任何積極的作爲，自然能獲得發揮才能的場所，這正是本來應有的模式。

另外，美國的職業高爾夫球選手老虎伍茲具備優異的才能，即使不像一般人那樣努力練習，也能打出極佳的成績。

前幾年，他曾到京都拜訪陶藝家出口王仁三郎的曾孫出口鯉太郎，並體驗燒製陶器。

出口先生不僅是著名的陶藝家，而且鑑賞能力過人，在陳列的許多作品中，他很輕易就能判斷哪一件作品能夠得獎，哪些作品受消費者喜愛。我認爲只有從神性智慧得到靈感，才能具備這樣的能力。

其實要發揮這種能力，一點都不困難。

例如攝影師對著相機說：「我愛你！」那麼即使未考慮哪一個角度最適合，相機也會自己移動，朝向最佳的角度。

攝影師與藝術家的不同就在這裡。這與個人的努力無關，與神性智慧結合時，才能就會開花結果。

因此，我們必須時時清理。

食材會教導我們用哪一種調理方式最好

身兼名廚、企業家、美食作家，同時經營食品公司非常成功的格羅夏威夷社長小川女士，寄來可讓人充分理解的體驗談，敘述她極爲自然地湧現新構想、才能自然開花結果的經驗，以下就向大家介紹。

我的荷歐波諾波諾體驗

新構想源源不絕湧現

格羅夏威夷社長 歐莉洛・帕亞・費絲・小川女士

我的好友唐恩・卡尼耶拉・阿卡卡二世是夏威夷的文化人類學者，據說他基於萬物皆有生命的想法，常進行為土地祈福（向土地獻上祝福）的儀式。岩石、土地、食物等所有的東西都有生命。我開始清理之前，並不知道唐恩曾對它們說了什麼。

但是最近，食物、土地、車子等很多東西開始與我對話。或許有人認為我的頭腦有問題，但對於實際有這種經驗的人而言，這是很自然的事。

到農場採購農畜產品，或到養殖場採購魚貨時，我會對現場的人們、土地、建築物等進行清理。將食材送入廚房時，我會將每一種食材拿在手中，像觀賞寶石般注視它們。

然後，我向它們說：「我愛你，謝謝你。」有時甚至淚水奪眶而出。每次這樣做時，我都充滿了虔誠的想法，被瞬間產生的美所感動。

我向食材說：「你們即將成為特別宴會上的美食！」食材聽到這番話，有時興奮，有時沉靜。

我經常要開發新菜色，但新的構想源源不絕湧現，我一點也不覺得辛苦，有時甚至食材會主動教導我如何調理食物。

我也會為廚房中的烹飪器具、鍋子、菜刀、瓦斯台、烤箱等清理，所有工具對我都非常友善，而且持久耐用，不會發生令我困擾的故障。

我的食物就像食材與烹飪工具的舞蹈。製作時，我總是放著喜愛的夏威夷音樂，讓它們共舞。

我熱愛自己的工作，將我製作的食物當作禮物，讓客人、朋友或參與地方活動的人們品嘗，能感受到莫大的喜悅。

對我而言，這不單純是職業，也是進行清理的珍貴機會和人生的目的。擁有目標，才能夠獲得自由。

小川女士雖然經歷了千辛萬苦，但藉著來自神性智慧的靈感而實現今天的成就。以上從她的經驗談中摘錄出她如何發揮優異的才能，其餘體驗內容收錄在本書〈附錄〉中，請參考。

保持原本的形態來過生活，就不會生病

人如果保持原本的形態來過生活，是不會生病的，但我們往往被各種記憶遮蔽，在生活中常必須這樣做、必須那樣做。

這種生活方式繼續下去，最後就會生病。如果保持原本的形態來生活，是不需要醫院和醫生的。

有一位女士種植的樹枯萎了，她說她並沒有忘記澆水，而且確實地施加必要的肥料。

我問了這棵樹所在之處，並與樹對話，結果得到以下的答覆。

「水多得快滿出來了。」

「肥料含有會燃燒的成分，讓我非常痛苦。」

我把這個情形告訴那位女士，於是她減少水分和肥料，結果植物又恢復生氣，重新復甦。

人類常認爲自己的知識優於樹木原本具備的生命力，其實這是錯誤的。我們根據自己的記憶，強制使用自己的方式去栽培植物，這樣植物不可能順利成長。

人類就時常做這樣的傻事。

盆栽就是最好的例子。人們任意扭轉、修剪枝葉，限制原本可自由伸展的樹枝成長，刻意製造出自己認爲理想的形狀。這是一種無視於自然生態的強制行爲。這種違反自然的作法，對盆栽而言是一種不幸。這樣做的原因，就存在於以盆栽爲樂的人心中。

以盆栽爲樂的人，大多患有關節炎。由於他們使用強制的手段，不讓植物保持原本的狀態，不但扭曲了植物，他們自己也因爲記憶的投影而罹患疾病。

別人生病的原因，也都位於自己的內在

常有爲疾病所苦的人來找我。

當有人爲病痛所苦時，我都會認爲：「他們原本是完美的人，是我內在的某個原因以疾病的形態表現在他們身上。」並清理我自己潛意識中與他們的疾病相關的記憶。

首先，我請自己的神性智慧透過靈感告訴我是什麼記憶成爲疾病的原因，然後清理我自己潛意識的記憶。

我們即使能從自己的意識或潛意識中找出答案，但這種來自記憶的答案，就像是辯解一般。如果沒有神性智慧的靈感，是無法知道眞正原因的。

有一次，一位腰部不適的女士來找我。

我像往常一樣，清理並消除我自己潛意識中與「這個人腰部不適」相關的記憶部分，但得到的靈感卻是：「這個人並非眞正腰部不適，而是左腳背的問題表現在腰部。」

於是我告訴這位女士：「妳的問題不在腰部，請找醫生治療妳的腳背。」之後，她找醫師治療腳背，腰部疼痛果然不藥而癒。

這位女士並不是爲了腰部和腳背的問題來找我，而是因爲我的潛意識中有使她感到不適的記憶，她是爲了消除此記憶而來找我的。

她的存在使我必須進行清理，因此才會出現在我面前。

爲人治療，或是要改變什麼事情時，所必須做的就是清理自己潛意識中的記憶。唯有消除潛意識中引起疾病的記憶，才能解決問題。

而且，這種記憶存在於每個人的內在。當引起疾病的記憶消失，那麼疾病也會消失。

靈魂離開身體，導致精神疾病

現代社會中，憂鬱症等精神疾病不斷增加，而這種精神出現障礙的疾病與人的靈魂有關。

人的靈魂位於意識和潛意識中，但如果靈魂離開了意識和潛意識，就會導致精神疾病。

例如遭遇車禍而身負重傷時，靈魂可能因爲過於疼痛，無法繼續待在肉體中，而離開肉體飛向天上。如果肉體死亡，靈魂即失去歸處。

同樣的狀況，假設肉體並未死亡而復原出院，但靈魂仍停留在天上，這時，沒有靈魂的肉體就可能被「地縛靈」（譯注：指死後執著於將自己的「死亡場所」當做「死後居所」的靈體）占據。

在現實世界中，若過於痛苦或過於悲哀，靈魂就可能離開肉體。同樣的，在憂鬱的狀態下，靈魂也會離去。

這樣的話，人就會長期臥床、無法集中精神，或失去生存的意志，最後產生自殺的念頭。

到精神病院等收容憂鬱症患者的機構，注視病人的眼睛，會發現他們的瞳孔內沒有生命。

眼睛的內側和眼角處有白色的三角形部分，一旦靈魂離開身體後，這個三角形部分就會消失。沒有此白色部分的人，大多患有精神障礙疾病。

這樣的人呈現的就是肉體被遊魂或地縛靈占據的狀態。

這時如果實踐荷歐波諾波諾，靈魂即可重新回到肉體內。

藉著清理我自己的潛意識，也能幫助靈魂回到他們的肉體內。自己內在的什麼原因使他們變成這樣？只要進行清理，他們的靈魂就可回到體內。

使潛意識迷惑的名字也會導致精神疾病

小孩的名字如果取得不恰當，也可能導致精神疾病，不可不注意。不論人或建築物，名字都非常重要。如果取了非他本人想要的名字，不論做什麼事情都不會順利。

我在西雅圖時，有位母親打電話給我，說她的女兒被診斷爲慢性憂鬱症。

我首先問神性智慧，是我內在的什麼原因使她的女兒罹患慢性憂鬱症。結果我聽到了一個聲音：「她的女兒取了錯誤的名字。」

於是我打電話問那位母親：「妳女兒的名字是如何取的？」她回答：

「我女兒出生時，對祖父母和外祖父母而言，都是第一個孫子，因此雙方都希望爲她取名字。夾在中間的我，只好從兩個名字中各取一半來命名。」

這時我聽到神性智慧的聲音：「這個孩子的名字叫瑪烏希亞。」「瑪烏希亞」有「和平」的意思。

接著，神性智慧又說：「不過在這位母親詢問正確的名字之前，千萬不可主動說出來。」

因爲那位母親後來並沒有問我正確的名字，因此我也沒有告訴她。我想，如果她將女兒的名字改成瑪烏希亞，消除了錯誤名字的記憶，或許女兒的慢性憂鬱症也可以改善。

「在她詢問之前，不可主動說出正確的名字。」來自神性智慧的指示，或許帶有某種意義。

這種將兩個名字各取一半來命名的例子，即使名字中含有多重意義，也未必適合。

不僅人的名字如此，公司或大樓的名字如果不恰當，工作同樣不會順利，因爲會使潛意識迷惑的，絕非好名字。

因應憂鬱症等精神疾病的「梅比烏斯之環」靜心法

靜心是解決上述問題的方法之一。以下就介紹靜心的方式。

1.呼叫神性智慧：「永恆」（Infinity），開始靜心。

2.想像「梅比烏斯之環」（Möbius loop），將出現問題的事或物置於它的中心來靜心。

3.開始靜心後，神性智慧會在梅比烏斯環上方環繞，同時清理所有必要的事物。

4.原本在梅比烏斯環上方環繞的神性智慧，經過充分清理之後，會自然停止。

「梅比烏斯之環」擁有無限持續的表面。它是先將紙帶扭轉一次，再將兩端黏合而成的，因此紙帶的平坦表面可以永遠持續。

梅比烏斯之環是沒有起點也沒有終點的永恆象徵，此意義與零是相同的。

想像梅比烏斯之環來靜心，能夠成爲永恆的一部分，進入深邃的靜心狀態，獲得非常美好的經驗。

你隨時都可以進行這種靜心。

如果自己的小孩受憂鬱症等精神疾病所苦，可以想像他位於梅比烏斯之環的正中央。

實際上，小孩患有精神疾病的人應該都非常清楚，沒有了靈魂的肉體是非常痛苦的。利用這種靜心法爲小孩清理，靈魂就會回到原來的肉體內，使小孩立刻感到舒暢。

孩子或近親精神狀態不佳者，請務必嘗試看看。

荷歐波諾波諾對治療高血壓也有顯著的效果

不單是精神疾病，潛意識中的記憶被投影在現實世界時，也會成爲各種疾病的原因。因此，消除成爲疾病原因的記憶，疾病就能痊癒。

實際上，夏威夷大學的克瑞澤（Kikipa Kretzer）博士等人的研究，即證明了荷歐波諾波諾回歸自性法對高血壓的治療具有效果。

克瑞澤博士等人有關此研究的論文，以「有助高血壓症之管理的輔助性療法——荷歐波諾波諾回歸自性法」爲題，刊登在二〇〇七年九月發行的《Ethnicity & Disease》雜誌第十七卷第四號上。

他們讓二十三名患有高血壓（包括高血壓症和高血壓前期）的亞洲人、夏威夷人及來自太平洋群島各民族的人接受一般治療，同時學習半天的荷歐波諾波諾回歸自性法課程。

這些研究對象是透過散發傳單、市民集會、網路等方式募集來的。參加者全部超過三十歲，其中五十歲以上者占了百分之八十三。二十三人中，有八人除了高血壓或高血壓前期之外，還患有糖尿病，另有二人有氣喘的病史。

荷歐波諾波諾回歸自性法的半日課程，包括藉由討論和對話來分享解決問題的過程與方法、解答問題，以及學習呼吸法、祈禱、靜心等。

課程只有四個小時，是否在自己的生活中實踐荷歐波諾波諾，只能由參加者自行判斷。

結果，課程結束的兩個月後，參加者的最高血壓平均下降了一一．八六毫米汞柱，最低血壓平均降低了五．四四毫米汞柱。

而且，這項研究也獲得了夏威夷大學的臨床實驗審查委員會承認。

研究結束之後，克瑞澤博士在論文的前言中說到：

「荷歐波諾波諾回歸自性法很容易引進生活中，而且成本低，內容簡單易懂，也沒有肉體和社會性的風險。不僅在高血壓方面，對其他健康狀態也可望有所幫助。」

我們實際進行的事被證明了。

相信其他疾病未來也將陸續成爲研究對象。總之，上述的數值證明了荷歐波諾波諾回歸自性法的效果，具有非常重大的意義。

在臨床上也逐漸獲得成果的荷歐波諾波諾

有一位醫師在臨床上也實際體驗到荷歐波諾波諾回歸自性法的效果，他參加了我的講座之後即持續清理，並見證了病患痊癒的案例。

以下即介紹石川醫師的體驗。

我的荷歐波諾波諾體驗

最難醫治的病人也痊癒了

醫療法人聖岡會新逗子診所 石川真樹夫

我在二十六歲時成為內科醫師，至今具有二十多年的臨床經歷。從醫學院畢業以來，一直從事臨床醫師的工作，「盡可能多給病患一些幫助，使他們痊癒」，是我人生中所追求的最重大課題。

在成為醫師的前五年，我一直認為癌症是不治之症，但過了三十歲，在安寧病房工作時，遇到一位利用「甲田式飲食養生法」治好乳癌的患者（她的癌細胞已轉移至骨骼），才了解癌症也有治癒的可能。

不久之後，我接觸到名為「花精」的自然療法，並開始鑽研此道，四十歲過後，則學習江戶時代有「易聖」之稱的水野南北大師的「相法極意修身錄」（譯注：主張飲食可左右命運），並透過吉祥寺的小兒科醫師真弓定夫學習飲食養生。四十一歲起的五年間，還學習了奧地利思想家史坦納（Rudolf Steiner）所提倡的「人智學」（Anthroposophie）醫學。

四十二歲那年，我參加了末期癌症患者協會——和泉之會，了解到包括癌症在內的後天性身體疾病幾乎都有治癒的可能。

不過，到二〇〇七年我四十五歲時為止，對於讓人類極為痛苦的多重人格或統合失調症、自殘行為等仍無法充分了解，也尚未找到臨床上可以幫助病人復元的方法。

但是在此的前一年起，我已見到了一絲希望。

這個希望就是荷歐波諾波諾。

二〇〇四年，我學完了整套掌握身體疾病的原因與因應方法以後，加入名為「心靈尺度研究會」的跨學術領域研究會，此研究會的副會長介紹我閱讀了喬·維泰利所寫的故事「夏威夷的奇蹟心靈治療師」。

為了求證此傳說的真實性，我進入網路的大海中搜尋，不久後找到了他的著作《零極限》（*Zero Limits*，中譯本由方智出版），我立即向亞馬遜書店訂購。

之後的每一天，我都強烈地希望與修・藍博士見面，並向他請益。

這個願望的背後還有一個原因，就是我每週接觸的病人裡有不少精神病患者，有人已就診三、四年，病狀仍然沒有改善，但是他們對我依然抱著很大期望，因此長期接受我的治療。

我盡可能不使用西藥，希望以其他的方法與他們一起努力，幫助他們痊癒。因此，我閱讀了維泰利所寫的文章後，立即了解到修・藍博士所從事的工作都是真實的。

我知道應該治療的是我自己，參加二〇〇七年十一月二十四日的講座後，更加深信不疑。從此我只是進行清理而已。

到了二〇〇八年，我自己內在幾乎放棄的某個課題終於解決，使得有關此課題的記憶成為零。

之後發生的事我也不清楚原因何在，但近年來我病情最嚴重的病人也逐漸復元，現在的他已是「痊癒」狀態。在一般醫師眼中，這應可說是「奇蹟似的康復」吧。

現在我更加確信，治癒我自己才是關鍵——與其使用「治療」一詞，說「清理乾淨」或許更為適合，而且非常單純。

不過，這是一條需要修練的路。我遵從佛陀的古老教義，毫不懈怠地清理，消除記憶的重現，每天回到零，亦即空的起源之處。

我想未來會不斷有人將荷歐波諾波諾應用在醫療上，並發表成果。以前只是夏威夷人所體驗的問題解決法，將可望藉由科學來證明它的效果，我期待這一天的到來。

第3章

清理潛意識，真實生活的方法

最重要的就是成為無或零的狀態

我在世界各地活動，是因爲我的使命就是使潛意識成爲零的狀態，恢復原本應有的生活方式。

現在愈來愈多人關心荷歐波諾波諾回歸自性法，不過卻沒有人質疑身爲人類最重要的問題：「自己是誰？」

大家的注意力都集中在如何賺錢、如何生活，卻未注意到最重要的事。

我想一般人多少都具備佛教的相關知識。佛教有核心教義，也有重要性較低的周邊部分。而佛教最重要的核心教義，就是如何得到眞正的自由，也就是如何達到「無」的境界，其他不過是附帶或補充的部分而已。

達到零的境界，不論是華人、夏威夷人或美國人都一樣，與人種無關。人原本都處於零的狀態，因此都是相同的。換言之，就是追求所有的人結合在一起。

爲什麼如此？這是怎麼回事？問這些都無關緊要。如何放手，成爲零的狀態，以恢復自由，才是眞正的課題。

其次重要的是，問題從何而來？幾乎絕大部分的人都沒有注意到：問題是因爲潛意識中的記憶重新播放而引起的。

如果能了解到這一點，那麼接下來最重要的就是如何消除這些記憶。

假設一個人的心臟有問題。這時，首先應對潛意識中產生心臟問題的記憶表示感謝：「你將心臟的問題顯現出來，謝謝你。」

發現心臟病後，如果對引起問題的記憶表現出抗拒或厭惡的態度，只會使問題更加嚴重。因此表達感謝之意：「以疾病的形態讓我看到問題，謝謝你！」「現在顯現出來，謝謝你！」就能消除引起心臟問題的記憶。

荷歐波諾波諾清理潛意識的方法

荷歐波諾波諾有四句話非常重要。

謝謝你（Thank you.）

對不起（I'm sorry.）

請原諒我（Please forgive me.）

我愛你（I love you.）

可以用這幾句話來感謝自己潛意識中的記憶，或疼愛內在小孩。但是不必把它想得太困難。即使只說「謝謝你」和「我愛你」，或甚至簡單地說「我愛你」也無妨。

單是「我愛你」，即包含了「謝謝你」「對不起」「請原諒我」等心情。說出「我愛你」，神性智慧收到之後，會降下瑪那（Mana）來消除記憶，靈感隨之降臨。

因此，只要說「我愛你」一句話即可，就算不知道它有什麼含意也無所謂。單是向潛意識——亦即內在小孩——說「我愛你」，就能引導潛意識的記憶發生變化。

如果難以啓齒說「我愛你」，以「謝謝你」來取代也無妨。很多男性說不出「我愛你」，其實「謝謝你」與「我愛你」有同樣的效果。

另外，用「我重視你」來取代「我愛你」也可以。

這相當於第2章中介紹的兩個方法。

實施這種記憶的淨化過程後，清理記憶的願望會向上傳至超意識和神性智慧，接著瑪那經由神性智慧→超意識→意識→潛意識而降臨，使潛意識的記憶成為零。

但是記憶很快就會復甦，因此必須反覆不斷地利用荷歐波諾波諾來清理記憶。

許多人利用四句話獲得美好的體驗

關於荷歐波諾波諾的四句話，日本音樂家瀨戶龍介獲得美好的體驗後，將這四句話配上樂曲作成〈荷歐波諾波諾之歌〉。以下就介紹他的體驗談。

我的荷歐波諾波諾體驗

發生各種奇妙的事

音樂家　Aman Ryusuke Seto（瀨戶龍介）

二〇〇七年初，閱讀了喬・維泰利著作中有關修・藍博士在夏威夷某個醫院中的工作狀況，以及接到友人森田玄的電子郵件，促使我與荷歐波諾波諾接觸。

尤其是看到電子郵件的內容後，我迫不及待地想與修．藍博士見面，並幸運地得知修．藍博士將在洛杉磯舉辦講座。我原打算與森田玄一同前往參加，但碰巧當天是女兒花世的音樂會而被迫作罷。

單獨前往的森田玄歸來後，我立即向他詢問詳情。我終於找到追求已久的東西，打從心底感到喜悅與感動。

「謝謝你」「對不起」「請原諒我」「我愛你」。

我試著向自己說這四句話，有一種奇妙的感覺。我知道已經沒有問題了。

我完全不知道原因，但從靈魂深處產生安心和溫暖的感覺。

森田轉述修．藍博士的話：「不相信也無所謂，只要試試看就會了解。」於是我立即開始嘗試。

我進入表參道的一家咖啡店，看到店內沒有人抽菸，心想：「太好了！」便找了個位子坐下。但是「說曹操，曹操就到」，一名男子隨後走進店裡，坐下後馬上開始抽菸。

我好像不知不覺地使用了吸引力法則將那個抽菸的人吸引過來。

奇妙的是，過去在餐廳或咖啡廳裡有人吸菸時，煙總會向我飄來，似乎連煙也一起被我吸引過來了。

這次，煙又向我這邊飄來。

「啊，對了！我來試試看荷歐波諾波諾吧！」於是我將眼睛閉上二、三分鐘，同時對自己說「謝謝你」「對不起」「請原諒我」「我愛你」。

之後，我微微睜開眼，並聞了聞煙的氣味，首先感覺煙似乎變淡了。接著我轉頭看向那個抽菸的人，心裡想：「奇怪，這個人並不壞呀！」

我對自己心中的變化也感到驚訝。

在幾分鐘之前，他還是個吸菸的傢伙、令人討厭的傢伙，讓我皺眉頭。但明明是同一個人，我現在卻覺得他人還不錯。

到底發生了什麼事？

有一天，我去秋田參加一場演講，沉迷在自身的高我（higher self）和荷歐波諾波諾的話題之中。演講結束後，一位女士來到我身邊說：「很遺憾明天不能來，今天的演講真的很棒！」說完即離去。

但第二天早上，我進入會場時，卻又看到這位女士站在一旁哭泣。

我走近她，問她發生了什麼事。原來她以前在法國盧爾德之泉買的紀念吊飾已經遺失了四年，昨天回家之後突然發現它竟然掉落在房間正中央。

有這種事嗎？我驚訝得起了一身雞皮疙瘩！利用荷歐波諾波諾與自己對話，發生的事情都令人感到不可思議。

我知道日本有許多人透過荷歐波諾波諾體驗到各種美好的事情或奇蹟，但不真正去實踐是無法了解的。只要嘗試看看，任何人立即就能感受到。

二〇〇七年九月十八日，我開車經由富士五湖道路前往御殿場。

從車子右側的窗户可以看見雄偉而莊嚴的富士山，我不禁在心中雙手合什，同時唱起歌來。

「I'm sorry! Please forgive me! I thank you! And I love you!」

非常美麗的旋律。

這雖然是我自己作的曲子，但實際上是富士山之神送給地球人類的禮物。回到家中，我立刻將曲子寫在樂譜上。

修・藍博士決定二〇〇七年十一月來日本演講，因此我將歌曲錄下來，希望先讓他聽聽。

以演唱生命交響曲和用英語演唱日文原詩〈千縷風〉而聞名的美國女歌手蘇珊・奧斯本，恰好也來日本舉行演唱會，因此我也邀請她參與這首歌曲的製作。

女兒花世、蘇珊和我，三人在不同的日子錄製這首歌曲，但是完成之後發現竟配合得天衣無縫，不論事前如何演練，大概也不可能配合得如此完美。由我自己說似乎有些奇怪，但不能不說這是一個奇蹟。感謝上帝！

今天地球上的人類最需要的就是荷歐波諾波諾。每天多一個人實踐這個方法，地球就能變得更美好。當然，戰爭、飢餓、不平等、地球暖化等問題都會消失。

感謝上帝！感謝修・藍博士！

愛與感謝☆Ho'oponopono★

愛護潛意識，亦即內在小孩

荷歐波諾波諾回歸自性法實施過程中，最重要的就是愛護潛在意識，亦即內在小孩——尤尼希皮里。

荷歐波諾波諾所說的內在小孩，並非自己小時候的記憶，而是指包含了世界誕生至今海陸空所有動植物所經驗之記憶的潛意識。由於它的舉止像小孩一般，因此稱之爲內在小孩。

內在小孩原來像天使般存在，但如果放任它，不加以清理，就會直接將記憶投影出來。人際關係的苦惱、創傷、打擊等負面記憶增加時，當然也會出現負面的投影。

我們可以將內在小孩想成可愛的孩子、自己的弟妹或兒女，它們最需要愛，而且對意識會非常敏感地應答與反應。內在小孩就是爲了被愛而來到這個世上的。

我們所認識的意識爲母親。母親只能走向自己的潛意識——內在小孩——的方向，而無法直接與超意識或神性智慧接觸。

母親對自己的小孩說「我愛你」時，孩子的疼痛就會被淨化。換言之，就是被清理。這樣母親才能與小孩一起來到父親——超意識——這裡。

意識、潛意識、超意識結爲一體，才能與神性智慧結合。

如果這些條件無法齊備，靈感就無法降臨。

也就是說，母親若不確實地養育小孩，就無法接觸神性智慧。不論如何祈禱，人都無法直接與神性智慧對話。

絕大部分的人都不了解這種關係，而希望直接與神性智慧接觸。

但是，不先經過潛意識，是無法與神性智慧及超意識結合的。

因此，盡早了解這一點，並爲內在小孩清理，小孩才能感覺到「母親是愛我的」。

如何充滿愛意地照顧內在小孩

內在小孩如果覺得自己不被喜愛，自己沒有必要存在，自己只是受人擺布，就會封閉起來。

另一方面，意識抱著負面想法，對某些事情感到厭惡，或認爲自己運氣不佳等，內在小孩就不再將資訊傳達給意識，問題會更加嚴重。

內在小孩會意志消沉，而將自己封閉起來，認爲反正就算傳送資訊也會被嫌棄。這與不信任母親的愛而封閉內心的小孩是一樣的。

聽說現在日本每年超過三萬人自殺，原因就是內在小孩未接收到愛。記憶被封閉後，只有選擇死亡。

因此，必須讓內在小孩感受到自己被愛包圍。即使發生什麼重大的事，也必須抱著感謝之心，不可想著爲何只發生在自己身上。

如果你老是感受到不幸，內在小孩會認爲自己未被認同，而孤立自己，因此應該積極地表示感謝。

照顧內在小孩的方法如下：

1.溫柔地撫摸內在小孩的頭，時時關心、重視和疼愛他。

2.溫柔地擁抱他。過度強烈地擁抱，會讓他害怕。

3.輕輕地握著他的手，溫柔地撫摸。

4.擁抱內在小孩的雙肩，充滿感情地給他足夠的愛。就像母親稍有疏忽，小孩就能敏感地察覺。同樣的，內在小孩對尤哈尼，亦即扮演母親角色的意識的愛也非常敏感。

由衷地帶著愛意來對待內在小孩，才能得到他的幫助。內在小孩若同意：「永遠幫助你！」那麼潛意識就能無條件地接受意識的願望。

不過，內在小孩隨時會觀察你的行動或態度，因此照顧內在小孩必須時時小心。

請像母親眞的在照顧小孩，讓孩子穿著可保護全身的連身衣，袋子裡裝著一天所需的食物和換洗衣物一般，細心地照顧內在小孩。

從小就感覺到有內在小孩存在的人

據說作家吉本芭娜娜從小時候起，就感覺得到自己的內在小孩。

荷歐波諾波諾的基礎課程在教導如何與內在小孩溝通時，有幫內在小孩洗澡的想像訓練，但是吉本小姐說她從三歲左右起就與自己的內在小孩玩扮家家酒。

以下就介紹吉本芭娜娜的荷歐波諾波諾體驗。

我的荷歐波諾波諾體驗

不能退讓的事

作家 吉本芭娜娜

我絕不是要誇耀自己與眾不同，但我小時候真的會跟物品或植物說話。例如花瓶破了，我會為它的可憐遭遇而哭；動物死了，我會為牠們祈禱或感到悲傷，覺得牠們真是辛苦。走進一間屋子，若裡面有焦躁不安的人，我就會頭痛；進入醫院時，我會產生各種感觸，單是這樣就可以昏睡一整天。我對他人的惡意也非常敏感，會令我提心吊膽。結束旅行時，我會先向投宿的房間道謝才離開。我心中有一個小朋友，我將這個朋友喜歡的東西裝在袋子裡，總是隨身攜帶。

其實我現在幾乎沒有改變，只是小時候表現得毫無掩飾。

相信大家可以想像我過去是如何生活的。

人們常說我不太正常、神經質、鬱悶、麻煩或太過纖細，也有人叫我實際一點或堅強一點。

我也曾虛心接受。

身為現實社會的一員，我也試著實際一點。

結果，也發現了不少好處。

例如，喜愛的動物即將死亡時，我會全心全意地照顧牠；跟各種人接觸，或到各個地方時，我不再害怕，也能夠理解或配合所有人的意見。

在那個階段，我稍微逃避了自己內在小孩的呼喊。

他的瞳孔過於透明，而且對生存也沒有必要，如果太重視這方面，會被男性追逐，受到女性嫉妒，痛苦的事太多，很少有平靜的時候。粗線條的人比較容易生存，於是我不斷將他塞向內心深處。我知道內在小孩在我的心中，便認為無所謂，而不加理睬。

不過，那個小孩仍持續呼喊——用很小的聲音，但絕不至於聽不見的清晰音調。他依然能與植物和動物說話，也聽得到房屋或石頭的聲音，而且不必根據「有沒有打掃」來判斷，即可了解清潔空間與不清潔空間的差別。

他說，只有人類最可怕。

害怕人類，是沒完沒了的。好吧，關於人類的事，我打算把它割捨掉。不過小孩並不同意。他說即使是痛苦的事，也最好徹底去做。

有一天，他突然開始進行一場漂亮的大逆轉。

我偶而欺瞞，或想輕鬆一下，或希望讓人對我有好感而撒的小謊，全被暴露出來，以猛烈的氣勢開始淨化。未來我只能與小孩的聲音一起生存下去，不過當時我還沒有信心。

從某個時候起，我很難再與人配合。過去我會說：「我知道，我懂你的部分想法。」但是現在我只能說：「我很喜歡你，不過這是兩回事，我的想法是這樣。」結果，令人驚訝地，很多人離我而去，而且相互傷害。我認為這樣毫無意義。即使如此，我還是無法消除內在小孩的聲音。接著，真正了解我的人又一個個戰戰兢兢地接近我。

即使如此，我仍赤裸裸地面對恐怖的疼痛，不知如何是好。

在此過程中，我受到的各種斥責使身體更加痛苦。

我失去了一些信心。雖然我知道，但是依然失去了。

在恢復的過程中，我接觸到了荷歐波諾波諾。

有一次，我閱讀了修・藍博士的專訪。他的直言不諱充滿了真實的愛，擁有相同特性的我很快便理解了。於是我去調查修・藍博士的資料，並參加了他的講座。

我覺得害羞，我在生存中過於軟弱，以及我重視心裡那個小孩——在那裡，這一切都被光包圍著。

我感覺到，在創作小說和製作書籍上，我想要做的事情全是正確的，而且我覺得這裡確實有與我相同的思想。

以前被別人說的「誇大」「空想」「這樣無法生存」等情況，在這裡也都受到肯定。

另外，修・藍博士還具體而仔細地教導我養育心中那個內在小孩的方法。

我開始大幅改變。開始改變之後，我終於了解過去遇見的少數理解我的人是如何關心我、如何鼓勵我恢復真正的自己。

我也恢復信心了。

除了自信心之外，我還具備了在艱困時期學習到的所有經驗。

我了解到「奪走我自信的，不是別人，而是我自己」這重大責任的真正意義，果斷地打消歸咎於他人、合理化自己的想法。今天、明天，我都會靜靜地持續清理，而且我發現這雖然是相當辛苦的事，但其實過去我一直獨自這樣做。以前認為永遠孤獨而徒勞無功的事，轉變成光明之路和有目標的自信道路，我確信這正是因為看到修・藍博士的風采和他黝黑而閃亮的眼睛，並看到自己和修・藍博士以及所有人類所屬的真正美麗的「無限」所致。

上面所寫的是我個人相當特殊的例子，不知能否提供大家參考。但對於容易受他人目光影響而失去信心的人而言，荷歐波諾波諾應該相當有效。

講座中的提問時間，有一位讓人頗有好感的小姐提出以下看法：

「我很膽小，對持續清理覺得有些害怕，我可能做不到，因為我覺得那是很遙遠而且辛苦的事。」

修・藍博士說：

「今天不開始，那就明天吧；明天還不行，那就後天吧，最後只有等到來世了。與其如此，不如今天馬上開始。妳不覺得嗎？」

我認為真的是如此。

請注意，和逃避比起來，清理真的簡單多了。

相信也有人與吉本芭娜娜一樣，注意到自己內在小孩的存在。我希望能夠遇到不斷寫下內在小孩重要性的人。

從這篇體驗可以了解，與內在小孩的關係非常重要。意識與潛意識——亦即自己的意識與內在小孩——若能建立確實的關係，一切都可以順利進行。

我不論做什麼事情，都要經過內在小孩的許可。隨時與內在小孩保持良好的關係，才能夠接近零的狀態。

母親若能好好照顧小孩，就沒有必要考慮荷歐波諾波諾。溫柔地幫內在小孩洗澡、餵他吃飯、跟他說話，身爲父親的超意識及神性智慧自然能跟隨我們。

能取代四句話，持續為我們清理的物品

前面提到，「我愛你」這句話具有特別的意義，其實除此之外，還有各種能爲我們改變潛意識和清理的物品。

之後將會說明製作方法，例如喝了裝在藍色玻璃瓶裡製成的藍色太陽水，與說「我愛你」有相同的效果。

口中唸著「冰藍」，同時用手觸摸植物，可進行有關疼痛的清理。

銀杏與堆積在肝臟中的毒素有關。只要將銀杏葉製成押花，夾在皮夾或記事本中隨身攜帶，就能改善肝臟的解毒功能。

心臟或呼吸器官有問題的人，帶著楓葉就能改善，因爲楓葉能運來冰河的純淨

空氣。

我的第一個小孩呼吸器官有問題，因此我隨身攜帶楓葉，同時思考我的內在發生什麼事情使他這樣，並經常清理。

我還會想像從粉紅色的百合和香水百合喝水的樣子，利用這種想像來清理與死亡有關的傷痛、痛苦、恐懼。每次搭乘飛機時，我腦子裡都會浮現從粉紅色的百合喝水的樣子。

其次，面對電腦時，我一定會在玻璃瓶中注入四分之三的水，再灑上少許藍色玉米粉，然後放置在電腦旁。

這樣可以清理與電腦相關的問題，例如收到奇怪的郵件而妨礙工作進行，這些事情都可清理掉。

如果沒有藍色玉米粉，將裝有藍色太陽水的杯子放在電腦旁也可以，藍色太陽水具有消除一切的強大力量。

另外，當我們在思考時，香草冰淇淋有助於清理。思考事情時必然會出現知識，也就是記憶，這些必須加以消除。

我在需要多說話時，會吃二、三次香草冰淇淋，我自己家中甚至備有製作香草冰淇淋的機器。

棉花糖也具有與香草冰淇淋相同的效果。

我平時總是戴著帽子，有人說這是我的註冊商標，其實帽子在我跟人說話時，會爲我清理掉自己內在導致這些對話的原因。

荷歐波諾波諾清理工具的使用方法

在前面的章節中，除了最重要的四句話之外，還介紹了藍色太陽水、「冰藍」一詞、銀杏和楓葉、想像從粉紅色百合或香水百合飲水的樣子等，這些都是利用荷歐波諾波諾回歸自性法爲我們清理潛意識的工具。

除此之外，還有其他各種清理工具，以下介紹其中一部分。

※「HA」呼吸法

「夏威夷」（Hawaii）的「HA」，在夏威夷語中意味著「神聖的靈感（編按：又有「生命的呼吸」之意）」。「Wai」意爲生命之水，最後一個「i」則是

「神性」的意思。

也就是說，「夏威夷」一詞是指「神、呼吸和水」，所以這個字本身就是清潔的方法。

「ＨＡ」呼吸法的實施方式如下。

1. 挺直背脊坐在椅子上。
2. 雙手放在膝上。
3. 兩手的拇指與食指接觸。
4. 心中默數七秒，同時吸氣。
5. 暫停呼吸七秒。
6. 連續吐氣七秒。
7. 屏住氣息七秒。
8. 從第4至第7步驟爲一回合，重複呼吸七回合。

「ＨＡ」有活化生命能量的功能，此生命能量會被送入潛意識中。

附帶一提，在夏威夷有「你好」「謝謝你」「再見」等意義的「Aloha」，原本意味著「我在神的面前」，這個字也有清潔的效果。

※在心中實施HA呼吸法

在日常生活中，工作時或搭乘電車等很多場合不適於進行之前介紹的HA呼吸法。這時，在心中想像HA呼吸法也具有效果。

※藍色太陽水

前面已說明「夏威夷」的「Wai」意味著「生命之水」，藍色太陽水也可稱爲生命之水。

藍色太陽水的製作方法如下：

1. 準備藍色的玻璃瓶，使用清酒、日本酒、葡萄酒等藍色的瓶子亦可。
2. 將瓶子裝滿水，自來水或礦泉水都可以。
3. 將蓋子蓋緊。必須注意的是，應避免使用金屬製的瓶蓋，原來附有金屬蓋子的瓶子，可改用保鮮膜和橡皮筋來封口。

4.將裝了水的瓶子放在太陽光下曬三十分鐘至一個小時。沒有太陽光時，可置於白熱燈下，不過日光燈的光線無效。

照射陽光而成的藍色太陽水可以直接飲用，盡可能每天喝二公升左右。原本裝在藍色玻璃瓶中的藍色太陽水亦可改裝入其他容器。

用來烹飪或溶解其他食品製成飲料也有效果。另外，加入洗澡水中、當作化妝品、澆花或供寵物飲用皆可。

若加入洗衣機中，洗衣機會樂於將當天所有不悅的記憶全部清除。

其次，在辦公桌或電腦前工作時，可在杯中注入四分之三的藍色太陽水，置於桌上或電腦旁邊，它會自動爲我們清理。

我經常隨身攜帶藍色玻璃瓶。

不過，藍色太陽水應盡可能早點使用，畢竟它是用生水製成，亦可能變質。

※在心中飲用藍色太陽水

沒有藍色玻璃瓶，無法製作藍色太陽水，或是現場沒有而無法飲用時，只要在心中想像飲用藍色太陽水，也同樣有效。

※說「冰藍」

前面介紹了向植物說「冰藍」，可以進行與疼痛相關的清理，這個字還可以爲我們清理有關靈性的、精神的、物理的、經濟的、物質的痛苦等問題，以及有關虐待的記憶。

冰藍原是冰河水的顏色，但我們也可以根據這個字來想像它的顏色；不僅可對植物說，也可以在心中對自己的問題默唸。

※想像回家的樣子

外出旅行、在學校或公司，或是到附近的超市購物，不論到哪裡，都在心中想像回家的景象，想像回到住家門口或車庫時的安心感。

這樣可以清理負面的情緒。

※在心中放一個「X」記號

在心裡想像「X」的形狀，或其他交叉的形狀也可以。當遭遇某個問題時，就默唸「1 X」（one X）。

「X」能消除有關中毒、虐待、破壞的記憶，並使相關的思考或經驗回到原本正確的時間與地點。這樣能解放因這些記憶而產生的心理負擔。

「X」還具有使心情穩定、幫助清理、提高其他清理工具的功能等效果。

※針對心理問題的清理工具

滴一、兩滴新鮮檸檬汁在藍色太陽水中，喝了之後可以抑制歇斯底里，清除掉憂鬱的記憶。

而且，這種滴了新鮮檸檬汁的藍色太陽水，與「HA呼吸法」和藍色太陽水相同，只要想像就有效果。

※針對金錢問題的清理工具

請準備一個酒瓶椰子（bottle palm）的盆栽。

酒瓶椰子中貯存著神性智慧的靈感，它就像銀行的自動櫃員機，能自由提取神性智慧所存放的靈感。

利用這種工具，可清理經濟或金錢的問題。

※難以忍耐時的清理工具

吃草莓可以清理掉包含瘦身痛苦等各種與忍耐、憂鬱有關的問題。

日常性持續清理——「Ceeport」的效果

工作中或正在處理日常的各種事務時，要持續進行清理有時相當困難。在這種狀況下，使用「Ceeport」產品也是一個方法。這些產品是我根據得到的靈感製造而成的。

數年前的某個晚上，我正在走路時，突然聽到一個聲音：

「回到家後，拿出荷歐波諾波諾回歸自性法的教科書。」

當時，我一面唸著「冰藍」，一面清理，同時走在兩旁都是美麗高大行道樹的路上，這些大樹會爲我療癒。

就在我心中默唸著「冰藍」、並用手觸摸樹木時，聽到了這句話。

我回到家後進入書房，依照聲音的指示，拿出荷歐波諾波諾的教科書。

書中記載著：

請進行清理。（CLEAN.）

消除、消除，（ERASE，ERASE...）

找出自己本身的香格里拉。（and find your own Shangri-La.）

在哪裡？（Where?）

在你自己的內在。（Within yourself.）

香格里拉是指世外桃源。

接著我又聽到一個聲音在說：

「取這首詩最初三個字的首字母『CEE』，再與單字『PORT』組合，製造出『Ceeport』這個新字。」

「port」是指港口，與具有清潔、消除之意的「CEE」組合，即意味著進行清理之後，能夠回歸自己原來的港口。

一位友人傳來電子郵件，說他每次使用手機時就會頭痛，令他非常煩惱。我讀完他的郵件，又聽到了一個聲音：

「請告訴你的友人將寫著『Ceeport』的貼紙貼在手機上。」

我將這個作法告訴朋友，數天後，接到他傳來的郵件，表示頭痛已消失，人也變得非常輕鬆。

「Ceeport」是消除記憶、使意識恢復零的狀態的清理方法。它可說是存在著神性意識的意識母港，也是實現佛陀所說之開悟的方式。

在日常生活中，正在工作或做家事時，即使神性智慧傳來靈感，我們也無法接收到。爲了接受靈感，必須經常保持空的狀態。

但是如果隨身攜帶「Ceeport」產品，就能持續受到淨化，而不至於錯過來自神性智慧的靈感。

利用「Ceeport」消除煩惱，改變人生

以下介紹幾種「Ceeport」產品。

※「Ceeport」貼紙

貼在電腦、手機等3C用品上，或家中、辦公室等的重要風水位置，就可以持續爲我們清理。

※「Ceeport」清理卡

類似撲克牌的卡片，用來與自己的尤尼希皮里——亦即內在小孩——對話。每天早晚，一面想著要清理的事情，一面洗牌，然後抽出一張。這張卡片上寫的話就可以爲我們清理，或是提醒我們。請反覆閱讀。

如果想要清理的內容與抽出的卡片上的話不吻合，可以重新洗牌再抽。

不僅早晚，只要感覺到有必須清理的問題時，都可以去抽卡片。卡片上的話一

定有助於清理問題。

※「Ceeport」卡

與信用卡同樣大小的卡片。夾在書本、筆記或資料等中間，可以幫我們從龐大的資訊中找出自己所需的。

若放在皮包內，則可以清理經過各種人的手而儲存了龐大記憶的金錢，而且可使人心情愉快地貯存金錢，或避免不必要的浪費。

※「Ceeport」別針

可以別在衣服上的別針。不論到什麼地方，只要戴上這個別針，就可以爲我們清理。

這些「Ceeport」產品可以在荷歐波諾波諾中文網站（http://hooponopono-asia.org/tw/）上買到。這些清理工具，與經常說「我愛你」有同樣的效果。

隨身攜帶這些產品，隨時進行清理，可以發現適合自己的新清理工具。

曾參加荷歐波諾波諾回歸自性法課程的某位男律師，在一次講座中說他使用了「Ceeport」的貼紙、清理卡、卡片、別針等所有產品，而且每天隨身攜帶後，事業變得非常順利。

有人稍稍改變作法，也獲得了同樣的效果。以下就介紹其中一個例子。

一位曾經為青春期女兒煩惱的母親說：

「我在全家合照的相片背面貼上『Ceeport』貼紙後，以前的煩惱彷彿被拋到九霄雲外，現在女兒跟我就像好朋友一般。」

我的身上也戴著「Ceeport」別針，特別是外出旅行或演講時一定別在身上。「Ceeport」卡也會放在皮夾裡隨身攜帶，包括進出的金錢或使用信用卡的金錢往來，卡片都會加以清理。

另外，我也會將「Ceeport」卡片夾在書架上準備閱讀的書籍中。書本經過清理之後，只有我需要的資訊會進入我的眼簾。

使用之前所介紹的各種清理工具，或利用荷歐波諾波諾的四句話來清理，而接近零的狀態時，有時會得到靈感，發現更適合自己的清理工具。

我希望大家在持續清理之中，不仰賴他人就能獲得這種靈感。

第4章

三方對談：人類過去背負的所有煩惱都可以消除

——人見Rumi小姐是船井媒體所發行的CD與錄音帶雜誌《Just》的總編輯，高岡良子小姐則擔任月刊《The Funai》的總編輯。過去月刊雜誌曾以各種形式介紹荷歐波諾波諾的觀念，如採訪修·藍博士，或主辦修·藍博士的活動等，到底引起了什麼樣的迴響呢？

枯萎的植物復甦，花期延長

人見　《The Funai》二〇〇八年二月號刊登了修·藍博士與船井幸雄會長的高峰對談，讀者紛紛反應：「居然有這種想法，眞令人感動。」「想立刻讓小孩實施荷歐波諾波諾。」

而且許多讀者對藍色玻璃瓶特別感興趣，以十個或二十個爲單位追加訂購。用藍色玻璃瓶製作而成的藍色太陽水，有人除了自己飲用之外，也用來澆庭院中的植物。他們打電話給我，表示原來已枯萎的植物又重新活起來，垂頭喪氣的花草也開始欣欣向榮，花朵綻放的時間也變長，令我感到相當驚訝。

修·藍　以人爲例，心臟有某些問題，或是罹患糖尿病，都是因爲過去的記憶重播所致。但是如果用藍色太陽水消除掉潛意識中的不幸記憶，未來就不會再發生這些事。

飲用藍色太陽水，可直接對潛意識發揮作用，消除過去發生所有不幸事故的記憶，植物也是一樣。

如果土壤不幸福，種植在這塊土壤上的植物也不會幸福。但若先將種子或幼苗浸在藍色太陽水中，之後再種植，就可以消除掉土壤關於不幸事故的記憶。

浸過藍色太陽水的種子或幼苗，即使可能乾燥，卻不會腐爛。

人的心臟有問題、罹患糖尿病或風濕症時，飲用藍色太陽水也能消除細胞內的記憶。即使死亡的細胞復甦，已消除的記憶也不會重播而導致疾病復發，因爲潛意識可控制所有的細胞。

因此，浸過藍色太陽水的種子或幼苗也不易腐爛或生病。

荷歐波諾波諾對不相信它的人也有效果

高　岡　您說世上的不幸事件全是因爲潛意識的記憶重播而發生的，因此如果將記憶消除，就不會生病或發生討厭的事情了。

有一種說法是：雖然有人說某個方法有效，但不相信的人實施是沒有效果的。關於這一點，荷歐波諾波諾如何？

修．藍 不相信荷歐波諾波諾的人一定會說：「不可能有這種事情吧！」但這句話並不是那個人自己說的，而是你的記憶讓那個人說的。

因此，你只要消除自己潛意識的記憶，即使說那句話的人不相信也沒有問題。

高岡 聽說修．藍博士爲了今天的三人對談，已先進行了清理。具體說來，您是如何清理的？

修．藍 我不僅爲妳們兩人清理，而是連歷代祖先也清理。

從我們祖先還是海水中漂浮的原始生命體開始，之後生出脊椎變成魚類，接著形成肺部登上陸地，再進化到現在爲止，所有的祖先我都加以清理。而且，連我們生存的三次元世界以外的次元也都清理了。

這樣的話，過去與我們內在有緣的所有事物，都可以加以清理。

高岡 只要與修．藍博士見面，您就會回溯到我們祖先誕生之時來進行清理。如果每個人都這麼做，那麼世界應該可以迅速而大幅地改變吧！

修・藍 荷歐波諾波諾的目標——零的狀態，是什麼都沒有的狀態，因此我會回到宇宙大霹靂以前的時代進行清理。

清理時可以在心中默唸四句話「謝謝你」「對不起」「請原諒我」「我愛你」，也可以只喝藍色太陽水來清理。

煩惱、痛苦都是自己的記憶製造出來的

人見 我們是隨著肉體而生，因此有疼痛、有痛苦，很難擺脫它們成為自由之身，每天在目前的世界裡奮鬥。爲什麼人類必須受肉體束縛，無法擺脫煩惱和痛苦呢？

修・藍 我們本來是無的狀態，而且是開悟的，但因爲必然會帶有記憶，因此被投影在肉體上。

妳說現在每天都在奮鬥，其實這種奮鬥並不是發生於外在，而是在妳之內。痛苦、煩惱都在自己的內在，然後直接投射在肉體上，因此，實際上什麼都沒有。

例如，某個人身體狀況不佳，其實是周遭人的想法投射在這個人的身體狀況

上。也就是說，我們的記憶使他生病，因此將記憶清除後，就可以改善他的身體狀況。

由此可知，外在發生的事，原因全在自己，都是自己的責任。不論疾病、煩惱或任何痛苦，都是自己意識中的記憶製造出來的，所以將這些記憶消除，光就可以通過潛意識。

遮住光的是自己，因此只要清理，光就能通過，並與超意識和神性智慧產生共鳴。

二〇〇七年十一月，我第一次與船井幸雄先生見面。在見面之前，我曾經在心裡問：「我的內在發生了什麼事嗎？」因爲與人見面，一定有某種原因。我與某個人見面，一定是因爲我的內在有必須清理的記憶，才會有這次的會面。如果我的內在沒有任何記憶，呈現零的狀態，在我的人生中就沒有必要與船井先生見面了。

船井先生高興地迎接我，這是爲我製造拋開內在某個記憶的機會。

就像我與船井先生見面前先進行清理一樣，我每次到一個地方之前，也一定會爲製造此機緣的人清理。

我並不知道清理的內容，因爲潛意識的記憶高達意識的一百萬倍，我沒有辦法掌握。不過我可以傳送意識，將記憶消除。

今天我來到這棟房子時，在外面看到小豬步履蹣跚地四處尋找母豬的景象，這也是記憶所引起的（注：進行三人對談的建築附近爲肉品市場，修·藍博士事前並不知道）。藉著與各位見面的機會，讓我看到了過去沒有注意到的部分，並爲我提供了消除此記憶的場所。

經過清理，成爲零的狀態後，這件事即告結束。

我在美國加州伍蘭德希爾市舉辦講座時，有一位參加講座的攝影師的相機在哭泣。我問攝影師發生了什麼事，原來他的家族中有人去世，他拍攝完才來參加我的講座。也就是說，他帶著悲傷的情緒與相機一起來參加講座。

因爲有這樣的情形，因此我今天在搭乘電梯時，已將這棟大樓的電氣系統和空調等的記憶全部清理過了。

如果全世界都實施荷歐波諾波諾，所有問題都可以解決

人　見　世界高峰會議現在正好在北海道洞爺湖舉行，但是各國領導人或代表意見紛歧。另外，伊拉克、阿富汗及巴勒斯坦戰火不斷，非洲也有許多小孩因爲飢餓而死亡。

如果每個人都進行清理，這些問題都能解決嗎？

修．藍　這些問題不是由各國代表來解決，我們自己清理就可以了。

愈多人一起清理，問題愈容易解決。

人類從生命誕生開始就有戰爭，雖然戰爭的形態依時代而異，卻沒有停止過。二十世紀被稱爲戰爭的時代，即使進入二十一世紀，戰火也沒有平息的跡象。

我經常在世界各國演講或舉行講座，德國、荷蘭都有以上百人爲單位的荷歐波諾波諾回歸自性法課程。但我其實並不喜歡到處奔波，反倒希望住在深山裡，靜靜地散步。

但是，我認爲必須將「這個世上發生的事百分之百爲自己責任」的觀念傳達給

更多人。一般人都以爲事情源於外在，事實上，所有原因都在自己的內在。

如果全世界的人都能眞正了解這一點，並進行清理，不但國家之間的問題可以弭平，人際關係壓力、疾病等一切狀況都能解決。

我就是爲了傳達這個觀念，而不斷巡迴世界進行演說。

「除掉神性，才能真正回家」是什麼意思？

高岡 修．藍博士在《零極限》中使用了「除掉神性」的表現方式。您說：「除掉神性，才能眞正回家。」有人問：「但是要如何除掉神性呢？」您回答：「持續清理！」

修．藍博士所說的「除掉神性」，是什麼意思？

修．藍 想要依賴神，自己心裡就會產生一種宗教。我想表達的並非眞的「除掉」，而是「拋開對自己所想像的神所表現的迷信或責難」。

高岡 我們在不知不覺中確實很容易對各式各樣的事情或人抱著種種迷信或反感。

修・藍 戰爭就是始於某些事情正確或某些事情錯誤。每個人都想合理化自己，才會發生戰爭。爲了說明這種現象，我才使用了「除掉神性」這樣的表現方式。

這句話是我在科羅拉多州的講習中回答某個問題時所給的答案。提出問題的女士非常憤怒，沒有進行清理就離去了，因此我用清理結束那次講習。

據說提問者後來向周遭的人批判我的發言，但我將此事當作自己的責任來清理，因此後來她就沒有再提起這件事。

這個問題是出現在我的講座中，因此完全是我的責任。對於那位女士的問題，如果我沒有加以清理，那麼她在兩代之後可能會生出智能遲緩的子孫。屆時，我必須承擔這個責任。

大家都認爲「神會給予我們試煉」，但是神並沒有做這樣的事，大家沒有做自己應該做的事，因此會反覆發生。

關於這種現象，印度人稱之爲Karma，日本人或中國人則稱爲「業」。

將百分之百為自己責任的觀念深植心中

人　見　若生出不健全的小孩，母親通常會認爲是自己的責任而覺得內疚和懊惱。這也應該視爲自己的責任嗎？

修・藍　在這樣思考之前，只要持續清理即可。不論小孩的狀態如何，母親如果確實地清理，小孩會自行找尋最適合、最正確的場所。

但如果母親不拋開對小孩的執著，孩子就會被母親的意識控制，而無法到任何地方去。

母親生出不健全的小孩，便認爲是自己的責任而內疚，這是因爲周遭的人都這樣思考所致。就是因爲有這種想法，做母親的才會認爲是自己的責任而一肩扛起。

但是如果有哪一個人確實地進行清理，這個負擔就不至於加諸到母親身上了。

聽說有一名患了癲癇症的男孩，被醫師診斷爲有腦部病變，但這個小孩的祖母持續清理。經過六年後，這個小孩不但能閱讀、書寫比同齡小孩高兩學年的文字，而且善於游泳，也能正常地說話。

因此，認爲這個小孩是癲癇症的，是人們潛意識的記憶。只要確實地進行清理，就可以完全消除。

不論在任何狀態下，都要把它想成完美的狀態來清理。沒有注意到這一點的人，就會被「不完全」的先入爲主觀念束縛。不過，醫師一旦成爲零的狀態來面對病人，應該就不會診斷出疾病了。

荷歐波諾波諾的清理可改善親子關係

人見　我認爲修・藍博士前面說的內容非常珍貴，不過在養育小孩的過程中，知識和行爲等的教育，與成爲零的狀態之間似乎有落差存在。在養育小孩時應如何思考才好？

修・藍　只要母親成爲零的狀態，自然能給予小孩必要的東西。直覺和靈感會自然降臨，做自己該做的事即可。但是，如果母親強制小孩「應該這樣做、應該那樣做」的話，小孩就會被此記憶封閉，而無法自由成長。

有一位女士因爲兒子吸食大麻，來找我商量。

這位母親如果爲了兒子吸食大麻而一直處於憂慮的狀態，那麼小孩就會持續吸食大麻。相反的，母親若拋開「爲小孩吸食大麻而煩惱」的想法，小孩自然會停止這樣的行爲。

幾乎所有的母親都會想：「如果小孩能戒掉多好！」其實只要自己放手就行了。放手之後，兒子也會自動停止吸食。

人　見　母親對於從自己肚子裡生出來的小孩有非常強烈的執著，但隨著孩子的成長，母親必須放下想要控制小孩的想法。特別是透過思春期小孩的各種問題，或許也可以使母親成長吧。

修・藍　簡單地說，小孩是爲了賦予母親課題而存在的。

當母親眞正體會到這一點時，孩子就完成了他們的任務。除了母親之外，如果小孩體認到自己是爲了賦予母親課題而存在，就可以成爲零的狀態。

對小孩最好的方法，就是從懷孕之前就開始清理，這樣可以出現最適合孩子自己的靈魂，也就是在母親的人生中出現天使。

小孩以天使的姿態出生，不會爲母親帶來問題。但事實上，孩子幾乎都不會成爲天使，而成爲帶來問題的小孩。爲這種小孩煩惱的母親非常多。

若能教導孩子清理的方法，父母可以相當輕鬆，而且能恢復零的狀態。我自己的女兒也開始進行清理，使我變得相當輕鬆。

母親與孩子各自進行清理，可以改善親子關係。我也覺得自己已取得女兒的信賴，而且逐漸形成互不干涉的關係。

母親自由後，也可以解決小孩自閉的問題

人見 根據統計，日本約有一百六十萬個小孩將自己封閉在家中，他們整天關在房間裡不願外出。針對這種問題，母親只要進行清理就可以解決嗎？

修·藍 要解決孩子自閉的問題，不論母親如何清理，這種現象本身不會立即改變。

但是母親進行自身的清理，即使孩子仍然封閉，但母親對此事不再反應，孩子自然能感受到，而主動開始行動，到自己應該去的地方。因爲孩子看到母親自由的姿態，會認爲自己也應該更加自由。

由此可知，荷歐波諾波諾不僅對實施清理的人能產生好的結果，清理自己之後，對所有人也能帶來好的影響。

人　見　人類常爲了某個目的而做某些事情，這是自私嗎？

修．藍　荷歐波諾波諾並不存在著「自私」的想法。想要做某件事情的欲望，不過是記憶的重播而已。

不過，進行清理時不可爲了某個動機，而必須以單純的心情來實施，因爲打算做某件事情的想法本身就是由記憶引起的。

我們的意識只有在兩個狀態下能夠形成：一是獲得靈感的狀態，另一個是受到記憶所左右的狀態。

接收到靈感，就是零的狀態。記憶會帶來知識，因而產生欲望或行動；相對的，獲得靈感時，不必思考自然就能行動。

前面提到在洞爺湖舉行的世界高峰會議，會中討論的內容全部都是記憶產生的。與會者想要改變別人，卻不打算改變自己。與其這樣，我們不如利用荷歐波諾波諾來改變自己，可以更快速地改善世界。

建築、房屋、動植物都具備有尊嚴的意識

高岡 修．藍博士提到曾教導建築或物品自行清理，具體來說，您是如何實施的？

修．藍 這個時候要帶著深摯的愛與尊敬，首先試著在心中向建築物說話，例如：

「有一個清掃方法可以讓你成為純粹的狀態，如果你願意的話，我打算教導你這個方法。」

要先徵求對方的允諾，若對方回答「請教導我」，就可以成為宛如用聖水加以溫柔地清洗過的狀態。

現在，我試著詢問我們所在的房子後，對方回答：「不需要太多，但我希望每天有一些鮮花。」或許放置植物盆栽也可以。

人見 不必插花也可以嗎？

修．藍 若是植物盆栽，當它稍稍枯萎時，可以試著詢問：「你想說什麼嗎？」

如果生長得欣欣向榮，則可以向它說：「你很高興吧？」這樣自然可與植物展開對話。

我會一面說著「冰藍」，一面用手觸摸植物，這樣能消除悲傷與疼痛的記憶。植物能清理這些記憶，爲我療癒。

植物比按摩或整脊更容易爲我治療，而且能夠治療人類觸摸不到的部分。有些植物更具備特別的能力，例如百合就是其中之一。

這種花能爲人消除對死亡的記憶，例如因爲家族中有人去世而感到悲傷、因爲某個人面臨死亡而擔心或對死亡感到恐懼時，百合都可以療癒我們的心。向百合說：「請給我水。」同時想像喝水的情景，就能消除這些記憶。

由此可知，植物能夠療癒人類，但我們卻沒有好好利用。因此，在這個房子裡放置鮮花對我們是有好處的。

二〇〇八年三月，我在大阪舉辦荷歐波諾波諾講座，並利用這個機會訪問京都。當時櫻花正好盛開，讓人感覺京都的人與「自然」一起生活。日本人至今仍保存著這種與大自然的關係。

這是非常重要的。

如果覺得自己栽種過於麻煩，只要拍攝櫻花的照片，然後將手放在照片上，同樣可以形成這種關係。

應該也有不少人飼養寵物，但動物與植物有相異之處，請特別注意。

如果沒有清理自己就觸摸寵物，會使寵物生病，因此自己必須淨化之後才能觸摸寵物。這時可以默唸「冰藍」，使自己成為零的狀態之後再去摸寵物。

這種關係並非僅限於與動植物之間。如前面所述，包含建築物在內的物品都具有意識。

例如有人的汽車經常故障。

這是因為車子的所有人罹患疾病，使得車子也背負了這些記憶。在這種狀況下，可以先默唸「冰藍」之後再開車；如果直接駕駛，車子背負了疾病，就會經常故障。

從各種管道都可以產生感謝的心情

高岡 很久以前，有一天突然朦朧地出現自己前世的記憶，前世的我是個不知感恩的人，不但不感謝滿懷愛意養育我的人，甚至面不改色地痛罵對方。

回想起這件事情時，我的心底就會湧起「對不起」的情感。「爲了我付出最大的力量，謝謝你。重視我、疼愛我，但我不僅沒有感謝，反而痛罵你，請原諒我。」而且對前世與我相關的所有人，我都產生「感謝」的心情，同時浮現「希望曾與我相遇的所有人都能夠幸福」的願望。那時我還不知道荷歐波諾波諾，我想可能是受到什麼力量引導，使我做了與荷歐波諾波諾相同的事。

另外，我二十多歲時體弱多病，經常覺得身體沉重，現在想起來，大概是因爲我在前世時不知感恩，任意傷害別人的緣故。但是從那時之後，我的身體自然而然變得更健康，而且運勢也逐漸好轉。或許是我讀了各種有關「如何能夠幸福」的書，自然而然開始清理了吧。

修・藍　聽了妳所說的，最了不起的地方就是妳並非接受某個人指導，而是經由自己的學習而了解到的。

人可以經由各種管道來學習。有時能遇見好的指導者，有時則不然，但必定會發現最適合自己的方法。

實踐荷歐波諾波諾的人們並不像團體成員般的關係。大家都已經了解我們所要傳達的東西，在已經知道該做什麼的前提下，傳達我們的訊息。

參加者中或許有人抱著宗教的想法，認爲參加我們的講座或許可以得到好的解答，但我們完全沒有這樣做。

參加者或我們彼此之間會很自然地說出感謝的話，一向都是如此。

相信高岡小姐自己也有這樣的經驗吧。

此外，感覺身體沉重，就像是負債的狀態。靈魂的負債——亦即記憶量——以身體沉重的方式表現出來，因此，感覺身體沉重時，代表靈魂的負債增加，就必須進行清理。

讓靈魂成長，重獲自由

人見　父母在我小時候就離婚，我與母親過著單親家庭的生活，少女時代經歷了許多痛苦的事。

二十歲時，母親曾說：「我眞不應該生下妳。」我受到很大的打擊，要求母親收回這句話，但是她很肯定地說：「這是眞的。」

母親爲什麼要說這樣的話來傷害我，原因只有她自己知道，但是我卻迷失了方向。

由最親近的人口中聽到這種話，讓我從那時開始煩惱：「自己到底是什麼？」所以我從二十歲起就不斷地問：「我是誰？」

由於活得非常痛苦，我甚至曾經打算自殺，但也因爲這件事，使我開始對心靈領域產生興趣。爲了確認「自己是誰」，我二十多歲時在媒體上努力表現自我，二十五歲後還遠赴印度進行精神方面的探究。

了解荷歐波諾波諾時，我首先思考爲什麼必須原諒傷害我的母親，爲什麼必須對母親說：「我愛妳。」但最後總是會出現「不能原諒」的感情。

母親養育我長大，因此我願意說「謝謝妳」「感謝妳」，但我無論如何就是說不出「對不起」。

相反的，我希望母親向我道歉，對我說「對不起」，而我實在無法原諒她，所以也很難說出「請原諒我」這句話。

修・藍　「對不起」「請原諒我」等並不是向母親、向外在說，而是要向自己內在的自我說。

緊抱內心傷痛的某一部分，爲了自己靈魂的成長而說出「請原諒我」。這是使靈魂成長、讓它重獲自由的語言。

責備別人，將會遮住來自神性智慧的光

修・藍　其實人見小姐的經驗並不罕見，我在很多地方都聽過類似的狀況。

不過，因爲這樣就怨恨母親，會形成被記憶封閉的狀態，也就是說，自己潛意識中的記憶遮蔽了來自神性智慧和超意識的光。對母親生氣，就像拉下百葉窗，遮住原本可無限獲得的光。

這時，藉著清理對母親的想法，就不會違反神性智慧了。拋開這種想法，消除記憶，自然可以得到靈感。

這樣做不是爲了母親，而是爲了自己。

我也輔導過許多無法疼愛小孩的家長。父母愛子女並非理所當然，而是無可奈何的事，因爲人們都被記憶所操控。

但如果將這些記憶拋開，就能夠開悟。這些煩惱或問題給了我們開悟的機會。

有問題即代表被記憶封閉，如果能拋開憤怒、抗拒、不明是非，就可以進行神的體驗。不過，這是相當困難的事。

這個記憶雖然以對母親生氣的形式表現出來，但事實上混合了男性對女性的暴力、虐待等各種過去的問題，是種種記憶逐漸結合而成的結果。

現在聽了人見小姐的話，使大家能分享這類問題，而且得以進行清理。上百萬個問題中，人見小姐作爲代表說出其中一個問題，讓大家都變得輕鬆。

其次，慢性頭痛的人也有家庭方面的問題，但只要清理，就能確實找出自己應該做的事。

大家都有在某些部分未受到父母疼愛，或未受到重視的記憶。

小孩子都有無限的可能，但是因爲各種記憶而被推入家庭或學校的框框中，無法隨心所欲地成長。而且，家庭、學校、地區、社會都各有問題，使這種記憶形成連鎖效應。

人見小姐胸前掛著鑽石項鍊，觸摸這顆鑽石，將可化解不少妳與母親的問題。神性智慧給了我們鑽石。鑽石經過切割，也將過去的古老記憶全切割掉。但是，也並非所有人觸摸鑽石都有效果。

不過，人見小姐若爲我們觸摸鑽石，周遭的人自然能被清理。

被壓抑的女性記憶，將會表現為乳癌、攝護腺癌

人　見　修．藍博士說：「今後將是女性發光的時代。」爲什麼呢？

修．藍　我聽到了這個問題的眞正聲音。妳本人或許還沒有注意到這句話背後的眞正意圖，那就是：「女性如何才能獲得眞正的自由？」

不論任何生物都希望自由，因爲在自由之中才能開悟。

在人類的漫長歷史中，男性並沒有尊重女性的尊嚴，而是以男性優先的思考方式，認爲「女性只要默默服從即可」。男女在收入方面有很大的差距，而且女性將大部分的時間花費在料理家事和養育子女上。

在這種男性優先的歷史中，男性向來將女性視爲所有物。

但是不可忘記，因爲有女性在處理家務、養育子女、照料上一代等，默默地從事需要忍耐的工作，這個世界才得以成立。時代動盪或歷史發生重大變化時，女性常在其背後扮演重要角色。

例如希臘神話中，赫拉、雅典娜、阿芙洛迪之爭曾引起戰爭。而在日本的歷史中，雖然沒有浮上檯面，但重大事件或重大變化的背後，女性都以不同方式涉入其中。

事實上，女性是握有實權的。表面上雖受男性支配，但其實整個世界是靠女性才得以運作。或許眞正支配世界的是女性。

對女性的存在和其作用，男性應更加感謝。但是，過去很多女性常被視爲女傭。

我每週一次爲一位夏威夷男士提供諮詢。

他擁有好幾家公司，但是發生某些問題時，與任何幹部商量都無法解決。有一次，朋友告訴他：「有一位女士可以解決這些問題。」但是他並沒有聽從朋友的話。

後來，公司的業績每下愈況，雖然他不想依賴女性，但在無計可施的狀況下，只得打電話給那位女士。通完電話後，那位女士來到他的公司，不知向他說了什麼，僅僅五分鐘即離去。

他公司裡的優秀幹部都無法解決的問題，那位女士卻只花了五分鐘就解決了。

這是我客戶的私人問題，因此我不能透露那位女士到底說了什麼。後來他在無可奈何之下決定聘用那位女士，並將一個部門交給她全權經營。結果，這個部門的營業額達到其他所有部門總和的四至五倍。

由此可知，對女性採取更開放的態度，接受她們的意見，有時可以創造出非常亮麗的成果。

但是，能夠讓女性充分表現或發揮她們原本具備之尊嚴的機會很少，這種憤怒有時會以乳癌的形式表現出來，女性罹患乳癌的原因多是憤怒的記憶。另外，女性的憤怒在男性身上則會成爲攝護腺癌。也就是說，攝護腺癌的原因很多是出於女性的憤怒。

因此，不尊重女性的尊嚴，僅將女性視爲發洩欲望的對象或所有物，對男性和女性都是不幸的。

亞洲是地震頻繁的國家，這是女性記憶中所包含的憤怒以大地動搖的方式表現出來。如果尊敬女性、用愛來對待她們、更尊重女性的尊嚴，相信地震會減少。

家暴和戰爭都是自己的問題，只要清理即可

高岡　我自己也是如此，面對著與家人、職場、地域、國家、世界及地球環境等相關的各種問題。

搭乘電車通勤時，可以看到沿途有許多房屋。居住其中的人，有人歡笑、有人哭泣、有人喜悅、有人痛苦，分別以不同的想法生活著。另外，非洲有不少人餓死，甚至聽說還有人慘遭私刑。

思考飢餓和口渴的痛苦，以及受到虐待或暴力所造成的肉體痛苦，似乎非常沉重，令人有無能爲力的絕望感。

修・藍　現在感覺到的，全是過去所體驗的事。會有這種感覺，表示妳本身曾經在輪迴轉世的過程中體驗過，因爲人並不會感受到沒有經驗的事。

這些記憶都儲存在潛意識之中。若不消除這些記憶，同樣的事就會反覆發生。

我了解何謂絕望，也會感受到這種感覺。

我應該做的就是清理，以成爲零的狀態。

我經常赴世界各地演講，傳達荷歐波諾波諾的概念，在與各式各樣的人接觸的過程中，深深體會到很多人已注意到這件事。這些人學會了清理的方法，並開始實踐，因此我感受到希望，知道並非只有我自己一個人在做。

高岡　最令我痛心的事情之一就是對小孩的虐待和暴力，看到這類新聞或畫面，都會非常痛苦。

我一直在想，如果有一天刑求、虐待、爲了買賣器官而殺人等一切暴力行爲從世界上消失，該有多好！

荷歐波諾波諾主張持續向自己的內在說「謝謝你」「對不起」「請原諒我」和「我愛你」，光是這樣做眞的就可以了嗎？

修・藍　自己不斷地清理，就不會再看到這樣的事情了。

清理掉虐待、刑求等暴力行爲的可怕記憶，與暴力相關的記憶就會變得淡薄，最後，遭受到暴力的孩子和人們都能恢復自由。

會發生這些事情，都是因爲有這種記憶的緣故。記憶重播而發生虐待或刑求等行爲，因此，只要消除記憶，這些事情就不會再發生。

若你認爲自己幸運，與虐待或刑求無關，但由於表現在意識的記憶只有潛意識記憶的百萬分之一，即使自己沒有注意到，仍可能受到影響。

現在因爲高岡小姐提出了這個問題，所以我將這個記憶清理掉。像這樣持續清理，將有很多人可從暴力中解放出來。

如何消除數千年來女性對男性的怨恨記憶

高岡 說來有些丟臉，多年來我先生如同家常便飯般將不堪入耳的髒話掛在嘴上。現在我已經看開許多，但是直到半年多前，我都無法忍受，甚至感到深惡痛絕。

知道了荷歐波諾波諾後，我曾經多次嘗試，但不知是作法有誤還是不足，狀況似乎並沒有改善。

我該繼續忍耐，還是因爲我的記憶根深柢固，必須持續清理？能否教導我一些好的方法？

修·藍 關於這件事，大家不妨一面聽一面清理，因爲這個問題與我們每個人都息息相關。

妳先生應該也非常努力，卻無能爲力，因爲這個模式已經深入他心中。他口中說的並非他自己想的事情，而是因爲被記憶控制，結果說出粗暴的話。

我最想在這本書中傳達的訊息是：一個人的問題並非單純是他自己的事，而是大家的問題。也就是說，不要區分「這是某某人的問題」，所有人都是一體的。如果能推廣這個觀念，將可以往前邁進一大步。

關於夫妻間的問題，若丈夫認爲「這是她個人的問題」，就不可能產生任何變化，因爲這種記憶已持續了數千年。

有一句俗語叫作「快刀斬亂麻」（cut the Gordian knot）。亞歷山大大帝用劍斬斷綁得非常牢固的繩結，據說因爲他解開此繩結，最後成爲亞洲之王。這個繩結牢固而複雜，在亞歷山大大帝出現之前，誰也無法解開。

就像這種「哥帝爾斯結」（Gordian knot）一樣，男女的問題也是複雜而牢固地糾結著。

現在有一枝附有橡皮擦的鉛筆。

用這枝鉛筆不斷在紙上畫圈。無須畫得很標準，就這樣反覆轉動鉛筆畫出圓圈，然後再用鉛筆另一端的橡皮擦將這些圓圈擦掉。

潛意識的記憶就像鉛筆畫出來的線條，即使想用鉛筆上的橡皮擦將線條擦掉，也很難全部擦乾淨。雖然無法全部擦掉，但只要將線切斷即可。

我們潛意識的記憶也與鉛筆畫出來的重重圓圈相似，雖然無法立即將它們全部擦掉，但每次只要有意識地默唸「謝謝你」「對不起」「請原諒我」「我愛你」，來自神性智慧的光也能一點一點地將記憶消除。

表面上看起來似乎沒有任何改變，但潛意識中的變化卻相當大。我們之所以很難感覺到，是因爲意識只能理解潛意識的百萬分之一的緣故。

因此，每次默唸荷歐波諾波諾的四句話，就可以一點一點地清理，但我們卻感覺不到記憶消失了。女性對男性的怨恨記憶根深柢固，如之前所說的，乳癌也是因此而起。但是每次說這四句話時，都確實地在進行清理。

一切從疼愛自己的內在小孩開始

高　岡　浮現憤怒、憎恨、嫉妒等情緒時，對這些情緒說「謝謝你」「我愛你」就可以了嗎？

例如醋勁大發時，要對醋勁說「謝謝你」「我喜歡你」嗎？

修．藍 耶穌基督說過：「要愛你的敵人。」因此出現吃醋、嫉妒的情緒時，只要對這些情緒說「我愛你」即可。

不過，我個人的作法有點不同。

例如，出現憤怒的情緒時，我先反問自己這個憤怒到底是什麼，然後對自己的內在小孩說：

「不知道我們為什麼要為這件事情痛苦，放手吧！我愛你。」

出現這種情緒時，最痛苦的是內在小孩，因此首先要對他說：「我們是永遠在一起的，一起想想辦法吧！」

假設現在發生了我沒有意識到的事情，即使我不了解，也會請求內在小孩放下這件事。

高岡 修．藍博士似乎經常在自己心中對話，也會向建築物等提出問題，而且必定傾聽對方的聲音，不會單方面去做什麼事。

修．藍 是的。即使接受邀請去作客，若得不到建築物或該場所的同意，事情是很難順利進行的。

接受邀請時，我會先問地點在哪裡，並確認將與誰見面，以及位於什麼樣的建築中，事前進行清理之後再赴約。

到達目的地後，我會先向建築物致意，並取得同意。

做一件事情之前，如果不先清理，每個人潛意識中的不同記憶就會進入而相互對立，結果一事無成。即使表面上看起來意見一致，潛意識中也經常出現糾葛。大家意見一致，但實際開始進行時卻發生問題，就是因爲在潛意識的層次上未達成協議的緣故。

高岡　在公司開會等場合也是一樣吧？

事前腦子裡先浮現參加會議者的名字，同時詢問：「可以讓我清理嗎？」得到OK的答案後再清理嗎？

修·藍　首先最重要的是，公司本身必須是已經清理完成的狀態。處理事情和處理人都一樣。

以完全淨化的狀態出席會議，才能變得像透明人一般。沒有建築物，沒有其他人，沒有欲望，也沒有記憶，在零的狀態下，一切都能像家人般合爲一體。

無須全心全意，只要機械性地在心中默唸

高　岡　實踐荷歐波諾波諾時常碰到的障礙，就是很難直接說出那四句話。應該有人會抗拒僅僅表面性地默唸沒有眞實感情的話吧？

修・藍　我很能理解這種心情。

不過，其實並不需要眞正打從心底說「我愛你」或「謝謝你」。

我在洛杉磯舉辦講座時也經常有人提出相同的問題。洛杉磯的娛樂事業發達，因此有不少藝人。很多人問我：「在這種狀況下，是不是應該帶著感情來實踐？」其實沒有必要。

耶穌說：「要愛你的敵人。」但這裡所說的愛，並不是一開始就叫你發自心底來愛，而是先接受，然後再愛對方。因此，只要用言語說出即可。

應該沒有人會帶著感情按下電腦的刪除鍵吧？因此，就當作是在按刪除鍵一樣，機械性地在心中默唸這些話即可。

高　岡　單純去做就好了。這一點很重要吧？

修·藍 問題會在不知不覺中消失，或許幾年之後才恍然大悟。

我的祖母住在阿根廷，她的尾椎有問題，醫生說必須動手術。我聽說之後就一直清理，並送給祖母藍色玻璃瓶。

現在我的祖母仍持續飲用藍色太陽水，她本人已經忘記從什麼時候起疼痛完全消失了。

如果我是高岡小姐，首先會清理對丈夫不斷說粗話的焦慮感，同時也清理掉期待感。也就是說，必須清除掉自己心裡那份想藉由清理使丈夫改善的期待。

請嘗試下面這個清理方法。

一面將自己心中產生胡思亂想的原因從肉體和靈魂中逐出，同時想像用馬桶將一切沖走——請想像用腳來踏沖水桿，而不要用手來按。

在想像將所有不必要的東西完全沖走的同時，還要想像自己反覆用腳踏沖水桿，讓水不斷地流走。

電腦桌面上有一個「資源回收筒」，爲了清空儲存在回收筒中的東西，必須再操作一次刪除的動作。與這個動作相同，我們也要再一次將有如垃圾般的記憶從馬桶中沖走。

電腦的資源回收筒，每天想到的時候清理一次即可，但潛意識的清理則必須不斷地進行。

然而，工作時無法這麼做，因此不妨教導自己的內在小孩——亦即潛意識——來清除。就好像你先點擊進入電腦桌面的資源回收筒，選擇「清理資源回收筒」，來教導他執行這個清理動作一樣。

這樣處理潛意識，記憶就能自動消除。

附錄

體驗談

利用荷歐波諾波諾打開美好人生的大門

我的荷歐波諾波諾體驗

從不幸的深淵到幸福的頂點

格羅夏威夷社長 歐莉洛・帕亞・費絲・小川女士

如果有人問到十五年前我的人生是什麼樣子，我大概會回答，那時壓力沉重，人生充滿憤怒、失望和恐懼，有時連基本的生活費都不足，令我非常煩惱。我是單親媽媽，獨自撫養一個兒子，經常抱著不如一死了之的念頭。

長達十六年的單親媽媽生涯實在不容易。當時我迷失了自己，內心經常陷入悲傷、不安、失望等負面想法之中。

回想起來，現在雖然已經了解，但那時的我處於一種尚未覺醒的狀態，從累積的記憶之中反覆重播許多負面的想法。

我沒有享受到兒子的存在，以及與兒子共處之樂，也沒有喜悅的感覺，每天早上張開眼睛就嘆息：「啊，又開始了痛苦的一天。」

我就是從那時開始產生了結自己生命的念頭，每天都在反覆思考如何安靜地結束生命：是吞服安眠藥呢，還是失蹤讓兒子找不到我的屍體？

在連早上都無法起床時，我向友人透露了輕生的念頭。雖然大家不斷鼓勵我，但是我的心情並沒有改變。後來我決定借助醫師的力量，赴醫院求診。

醫師開了抗憂鬱劑的處方，但當我在藥局前等待領藥時，不知為什麼遇到了好多位認識的人。

首先遇到的是我任職的飯店員工的母親。她誇讚了我一番：

「我兒子説，妳是他遇過的經理中最優秀的一位。」

我從來沒有想過自己很優秀。雖然表現出很高興的樣子，但是我因為情緒非常低落，即使受到這樣的稱讚，也不覺得喜悦。

接著，另外一位認識的人擦身而過，對方也用溫暖的口吻向我説話，就好像天使以人的姿態出現，守護著我，叫我不要做傻事。

在藥局前又遇到第三位認識的人。她撐著助行器走過來，並向我打招呼：

「最近好嗎？」

平時，我都會盡可能地回答：「很好！」但這一天我卻注視著她說：「我打算自殺。」

瞠目結舌的她激動地對我說：

「那怎麼可以？我拜託妳，千萬不要做這種事。我的弟弟兩年前自殺，過了兩年，我還沒有走出他自殺的陰影。」

此外，她還邀請我到她家吃飯。

「我有事拜託妳。今晚請帶著妳兒子一起來，我煮一些好吃且能恢復活力的食物請妳們吃。」

我沒有食欲，也不想麻煩對方，因此回絕了她。但她不斷地邀請，在盛情難卻之下，最後我還是與兒子一同赴約，品嘗了她的美味料理。

回到家裡，我從包包取出抗憂鬱劑，仔細閱讀了有關副作用的說明。我感覺到有一個聲音告訴我不要吃藥。接著，腦子裡又浮現一個念頭：我應該將自己打算自殺的事告訴當時九歲的兒子。

兒子聽說我要自殺，便說道：

「媽媽，拜託，千萬不要做這種事。」

「為什麼？」

「因為如果媽媽這樣做，我會非常傷心，也會生氣。」

兒子靜靜地回答，希望我打消自殺的念頭。

在這一瞬間，我突然清醒。我因為過度憂鬱，竟然忘記了兒子也有他的感情。

之後，我決心勇敢地活下去，但是經過數年，我依然沒有完全覺醒。有一天，我聽別人提到荷歐波諾波諾回歸自性法的訓練計畫，覺得心中有一個聲音告訴我應該參加這項訓練。

這與我過去接受過的其他訓練性質完全不同。以前我曾經閱讀過很多關於自我啓發的書籍來找尋幸福，但內容都沒有這一天接受的訓練深刻。

不過接受訓練時，有一對夫妻突然避開我，他們對待我的態度令我感覺不太愉快。

在列出自己所有問題和不幸狀況的練習中，我就是與這對夫妻一組。我不了解自己到底做了什麼事，讓他們有此舉動。

後來我才知道有人不太能接受這樣的訓練。我則靜靜地坐著，盡量吸收所有課程內容。不知為什麼，我倒覺得這項訓練對我相當重要。我沒有任何東西可以失去，只要實踐就好。

經過幾個星期，我接到一通電話，是那對夫妻打來的：

「對不起，我們的態度很不禮貌，沒有任何原因就做出那樣的事，妳可以原諒我們嗎？」

他們打電話給我，實在令我感到驚訝。從那時起，我才真正開始接受荷歐波諾波諾。

在每天持續實施荷歐波諾波諾的過程中，我感覺到身邊發生的事情漸漸好轉。

當時兒子才十幾歲，身為母親的我希望了解什麼對兒子是最好的。接受訓練之前，我經常對兒子說：

「我活過的人生比較長，因此什麼對你有益，做母親的我都了解。」

但是經過荷歐波諾波諾的訓練，我學會讓小孩自己作主。每個人的心中都有一個內在小孩。兒子也有他的自主性，會自己描繪未來的藍圖。另外，荷歐波諾波諾也教我如何與自己心中的內在小孩相處，如何除去會侵蝕自己的記憶。

漸漸的，我不再指示兒子這樣做、那樣做，僅專注於清理自己。

現在，我兒子確實且順利地成長，這都是因為他母親不再阻擋他的前進道路，使他能採取與內在小孩一致的生存方式。

持續清理之後，我的情緒也逐漸改善，並重新湧起從事主廚工作的毅力。以前長時間站著烹飪會感覺辛苦，而且常常抱怨，但現在對於重新掌廚卻感到喜悅無比。

獨創性的構想源源不絕，使我成為成功的個人廚師。

美國著名商業雜誌《財富》五百大企業的幹部、曾出現在《富比士》雜誌上的名人等，都成為我的顧客。經常有人問我如何擁有這些顧客，其實我只是清理而已。

絕大部分的餐廳或廚師都會準備菜單，但是我沒有菜單。我是透過靜心，配合不同的顧客或活動來創作料理。曾經有客人進入廚房，流著淚感謝我的食物療癒了他的心。

拜清理所賜，我現在已是個成功的廚師、企業家、美食作家和食品公司經營者了。

最近，日本某食品公司傳來一封電子郵件，表示很中意我公司的商品，希望代為銷售到日本及世界各國。類似這樣令人驚喜的事情經常發生。

但我並沒有如此熱中於擴展事業。我認為在適當的時機，或該做的時候，自然會有事情發生。

我也了解到荷歐波諾波諾的清理方法效率非常高，而且能給我長時間工作所需要的能量。

此外，能一起愉快工作、並具有優秀能力的人也自然聚集而來。我進行清理之後，所有的人們都變得像一個幸福的家族般，愉快地一起工作。

我的荷歐波諾波諾體驗

小孩子就像是完美的神

梅莉・柯拉

我開始實踐荷歐波諾波諾已有九年。我有七個小孩，以下就與大家分享我藉荷歐波諾波諾的清理法之助，撫養小孩變得多麼輕鬆。

剛開始實踐荷歐波諾波諾時，有一次八歲的雙胞胎打架，我試著進行清理。以前他們打架時，我會採取各種手段，像是訓話、拉開、關入房間處罰、誇獎、怒罵等等，來阻止他們打架。但是荷歐波諾波諾回歸自性法的作法相當簡單，只要找一個安靜的地方坐下來清理即可。

清理多次之後，雙胞胎打架的次數逐漸減少，我自己也不再為了他們打架而感到煩躁。後來，雙胞胎對我說：

「媽媽，妳不用管我們。我們自己會解決。」

真如他們所說的，我自顧自地清理，在不知不覺中，他們確實能夠自己解決問題了。

有一位友人曾經對我說過一句話：

「身為母親的我該怎麼做才好？我真不知道如何踏出第一步。」

這句話在我的心裡引起很大的迴響，當時我也認為：「啊，的確如此。」

老實說，我以前也不知道如何教養小孩，如何以母親的身分來對待他們。我不懂得如何重視自己、教育自己，當然也不知道養育小孩的方法。

我開始重視自己、保護自己後，可以不必再思考如何重視小孩、保護小孩，因為孩子們也漸漸變好。

如同夏威夷人所建議的：

「首先從你自己開始清理，然後是與你的伴侶之間的關係，接著是與小孩的關係，其次再清理其他所有事物。」如果忘記了這個順序，往往就會發生問題。

我有一個兒子畫了一張明信片大小的水彩畫。這張畫我最喜歡的地方，就是沒有畫出孩子們的臉，因為當我看到空白著的臉，就想到小孩的現在和未來都不是由我決定的。

的。

我的希望是像上帝一般看著孩子，看到每一個小孩都是完美而沒有任何缺陷的。

關於父母的角色，有無數看法。有人說父母應將小孩嵌入模型，加以調整、指導，賦予方向。有時我也想給小孩建議，甚至曾經認為我了解什麼是對小孩最好的。

但是現在，我發現這種想法錯得離譜。不論方向為何，指導孩子並不是我的工作。

「身為母親，我應該怎麼做？」當我這麼想時，該怎麼做才好？

當小孩發生什麼事，我覺得有關心的必要時，首先凝視自己的內在，找出應該採取的方法。在我採取某種行動，或為小孩做什麼事之前，先清理自己。

這雖然不是簡單的事，但在反覆實施的過程中，似乎已獲得了成果。

例如，較年長的一個兒子最近為女友的事煩惱，似乎相當憂鬱。這時，我通常會問他：「怎麼了？」但是經過清理之後，我聽到了一個聲音：「只要注視妳的內在即可。」

於是我反觀自己，出現了各種和自己人際關係有關的事情，重新體驗了高中、大學時代曾讓我憂鬱、煩惱的事。我持續注視自己的內在，直到獲得跟兒子對話是否恰當的明確答案為止。如此持續了六週左右，我決定邀兒子共進午餐。

兒子告訴我許多事情——他與女友的關係，以及為什麼事煩惱、擔心什麼、如果分手的話過去數年都浪費掉、對女友已不在乎等等。在他說話的過程中，我只是默默地清理自己。最後，兒子擁抱我，說了聲：「謝謝招待。」結束這次的午餐。

當天稍晚，兒子打電話給我，原來他中餐結束後去找了女友。不可思議的是，女友也想改變過去的交往方式，從此當普通朋友。兒子表示，這是他人生中最棒的分手方式。

另外一個兒子高中時是鐵餅選手，教練告訴他鐵餅最理想的投擲方式，是由心臟來領導，亦即緩緩將肩膀向後拉，然後以心臟為軸旋轉身體。如果姿勢正確，能加快速度使鐵餅擲得更遠。

我試著清理之後，發現我是由身體的其他部位來領導。我打算先轉動頭部，然後用自己的方式投擲。我了解到如果先出現記憶，深信應該這樣做，就無法放手。

我照料兒子，並在他練習的時候進行清理，如此一來，我終於能夠放手，並讓愛來領導我自己。

我也深深了解到，我與丈夫在養育子女的工作上，是站在相同立場的。以前我經常大發雷霆，堅持：「我才是正確的，我絕對正確！」但是經過清理後，才發現我和丈夫其實是站在相同的立場。我不再質疑「到底誰才是對的」，因為我們兩個人都是對的。

我要感謝這個方法，也要感謝透過這個方法得到安心感，讓我能夠放開手。

看著畫中七個小孩空白著的臉，我再次體認到，拿畫筆塗上顏色不是我的工作。我該做的只是注視我自己。這樣一來，孩子們都不會有問題。他們的臉不再是空白的，而是像美麗而完美的神一般。

我的荷歐波諾波諾體驗

充滿希望的單純方法

Green Photon代表 佐倉直海

二〇〇七年春天，我與久違的一對夫妻重逢。

當時是在爭取日本設立和平省而進行的活動「和平省計畫JUMP」的會議中。此計畫的目的，是主張在從戰爭到家庭暴力等所有「爭端」中，用「創造性的對話」來取代暴力，並推動在政府機構內設置「和平省」以提出方案。同時，基於和平來自「和平的心」，要培育及推廣和平省的基本理念——「和平的文化」。

同樣擔任代表的菊地由美小姐和一直從事環境與和平活動的森田玄先生，與我分享了他們在美國參加的工作坊，它有個奇怪名字叫「荷歐波諾波諾」。

只要說「謝謝你」「對不起」「請原諒我」和「我愛你」這四句話，世界就會改變！

我首次在電子郵件上看到荷歐波諾波諾、被它強力吸引，就是因為這對夫妻實踐這種以和平為主題的活動而成功放手，因而對它讚不絕口。

我從二〇〇八年赴英國格拉斯頓伯里以來，就一直參與各種和平活動，但是連和平活動中也看到有紛爭反覆發生。

「愛好和平的和平人」內心的「創傷」，大概就是紛爭的原因。這種「傷痛」雖然是從事和平活動的原動力，但另一方面，人與人之間的矛盾也可能成為爭執的原因。

像他們夫妻這樣到處參與和平活動，大概會經常遇到這種狀況。而且，在這些活動中擔負的責任愈重，對自己親近的家人會帶來更大的壓力。

我與他們許久未見，當他們談到荷歐波諾波諾時，產生某種寂靜之感，可以感覺到即將開始發生某種重大變化。如果這是因為荷歐波諾波諾的話，那麼它必定具有改變世界的能力！

當時正是我深深感覺自己內心必須製造絕對的寂靜（平安），才能開始做某件事情的時期。對，確實是如此。不過，到底該怎麼做呢？

當時的我有許多疑惑，而且身心嚴重不適。

「為什麼這樣可悲的事情不斷地侵襲而來？」我完全束手無策。

家族中發生重大事件，加上幾乎抬不起手來的強烈痛楚，使我經常失眠。我常陷入負面思考，工作也遭遇瓶頸、停滯不前，與過去同甘共苦的工作伙伴在工作上的協調也不順利。

事情的開端是二〇〇一年一月，我遇見一群有志製作「沒有戰爭、沒有殺戮的電玩」的同伴，並與投資家合作，花了半年時間成立了製作公司。我有十多年擔任商品企畫和廣告製作部門主管的經驗，對於電玩卻是門外漢。

公司成立後，我並沒有加入經營行列，而是獨自製作官方網站，同時還製作完全沒有前例的環境遊戲企畫案，每天進行著文案、腳本、美術指導以及小作品製作的討論等工作。

新公司必須拿出成果才可能繼續前進，但是不到一年時間，第一筆資金就消耗殆盡，決定解雇所有員工。

但是員工們在無薪的狀況下持續奮戰，到了二〇〇三年三月，終於推出可在網路上植樹的音樂遊戲「Rhythm Forest」，這是世上第一個植樹電玩。

這是我們奔走日本非政府組織國際產業精神文化促進會（OISCA）、富士通及NIFTY公司，在他們的協助下才得以實現的，但當時如果被他們發現公司的所有員工處於無薪可領的狀態，恐怕連契約的第一步都無法成立。現在回想起來，令人冒出一身冷汗。

近乎沒有經營者的純樸企業風格是我們最大的特色，而優秀的創作者和所有員工自發性的動力則是唯一的資產。

之後，又推出世界首創、能夠植樹的手機版音樂電玩等，累積不少話題性的企畫與產品，加上外部智囊之助，站穩了地位。二〇〇五年，又日以繼夜製作出可將「植樹據點」對照衛星軟體「Google地球」的「Green @ Earth Mapping」電玩的Demo版。在「愛與地球博覽會」中發表時，該軟體正好在日本解禁，成為「從手機能夠與衛星影像相互對映的環境機器」跨出第一步的劃時代性資訊科技產業新聞。

二〇〇六年二月，Google美國總公司的「Google地球」開發者麥可・瓊斯來到日本舉辦研討會，他看了「Green @ Earth Mapping」計畫的說明影片後，緊握著我的手說：

「『Google地球』就是為了這種計畫而製作出來的，我們一定會全力協助！」

他的話成為一股強大的力量。

同年春天，我們又與Earth Day東京共同推出三年連續氣象變動觀測計畫，以及櫻花前線「櫻花Mapping」。

世人愈來愈關注環境，但距離洞爺湖世界高峰會議還有兩年。我的工作伙伴都是具備優秀知識的科技專家，不過對環境卻未必關心。我每天獨自訪問以「綠色運動」聞名的諾貝爾獎得主瑪塔伊女士等「愛護地球的人們」，以及答應投稿「美麗地球情景」之影像的職業攝影家們。

與企業的接觸並不順利，而且二〇〇七年初夏環境運動風起雲湧展開之前，從二〇〇五年起發生的家族事件，加上工作到處碰壁，讓我身心都遭受重大打擊。

荷歐波諾波諾及友人夫婦的變化徵兆，讓我看見光明的出口。

「只要跟修・藍博士見面就好。效果非常棒！」森田玄的話給了我一劑強心針，也成為我背後強大的推動力量。

修・藍博士於二〇〇七年十一月舉辦來日第一場工作坊，我就立刻報名。雖然只有兩天課程，卻讓我收穫豐富，覺得荷歐波諾波諾是充滿希望的簡單方法。

我從未想到能夠得到這樣大的禮物。我反覆唸著「謝謝你，對不起」，幾乎成為我的口頭禪。

我恍然大悟：「原來都是自己的責任！」原來如此！

我和「和平省計畫JUMP」的伙伴們從前一年起就參加了向洞爺湖世界高峰會建言的網路「二〇〇八年G8高峰會NGO論壇」，並參與了在日本首相官邸前舉行、有七十一萬人參加的「百萬人簽名會」。「Green @ Earth Mapping」也邁向了下一個計畫。

二〇〇八年，「地球」成為人類共同的主題，是發生全球性重大變化的一年。同年，荷歐波諾波諾在日本連續舉辦多場演講會，給我莫大的助力，我也深深體會到它為參加者帶來奇蹟似的影響。現在，我正為了預定今年出版的書籍而努力寫作。

我的荷歐波諾波諾體驗

自己的內心就是自己的「故鄉」

凱薩琳・三木

在巴西時，老師告訴我修・藍博士的愛、感謝、原諒等概念，以及他在夏威夷的精神病院治癒病患的經過，我也閱讀了修・藍博士與維泰利所著的《零極限》一書。我還搜索了荷歐波諾波諾的網站，上面登載了修・藍博士來日本演講的報告。

所有的事都集中在短短的一個月內發生，讓我有一種奇妙的感覺。透過日本的荷歐波諾波諾連絡人平良貝提女士的安排，我在二〇〇七年十一月參加了荷歐波諾波諾的課程。

從第一次見到修・藍博士起，他的謙虛和率直就讓我非常感動。特別是經由荷歐波諾波諾的教導，了解到我所經驗的事情如果都由自己負起責任，便可淨化自己時，我感覺過去所抱持的緊張感終於解放了。

我從小就對肉眼看不到的事情有很多疑問，給父母和老師造成很大的困擾。

我對各種宗教和思想很感興趣，一個問題得到了答案，又會陸續提出其他問題。每當疑問增加時，就會感到思緒混亂，情緒也變得激動。

因為我無法沉著思考後再採取行動，因此不但傷害自己，也為周遭的人帶來困擾。有時我突然察覺到自己的行動，就會放聲大哭，並不斷責備他人或自己，最後受到罪惡感譴責。每天生活在這種混亂之中，我逐漸失去繼續生存的氣力，腦子裡充滿從世上消失的念頭。

後來我了解到，即使死亡，也會再轉世而無法擺脫人生，於是開始探索如何淨化自己。每次接觸到好的老師、書籍或藝術，就能給我繼續生存的力量。

但是弟弟突然去世，家人難捨對他的思念，許多人不斷唸著愛、感謝和原諒，這在精神和肉體上都為自己和家人帶來極大的幫助。

不久之後，我獲得前往父母的祖國日本留學的機會。我獨自住在東京，因為非常思念巴西的老師、朋友以及當地的藝術活動，身體和精神都衰弱不少。

幸運的是，我接受了荷歐波諾波諾的課程，得以清理自己過去所感受到的問題、經驗和罪惡感。

以前，我認為自己感受到的壓力或憂鬱，主要是自然環境的不足或大都市的生活等原因所造成，但是在持續清理的過程中，我開始覺得東京的生活具有極大魅力，每次走在街上都會產生不可思議的幸福感。

接著，一般人眼中非常困難的美術學校入學考試，藉清理之助，我也順利通過，得以與其他愛好美術的人一起學習。

不間斷地實踐荷歐波諾波諾後，我經常可以遇見過去自己內心深處一直忽視的感情，不再感到厭惡，也不再責怪他人。唸著愛與感謝，我的呼吸變得輕快，自己本身也受到照顧。

荷歐波諾波諾帶給我的好處真的不勝枚舉。

其中之一就是我多年來、甚至從前世就開始追求的內心和平。

為自己所經驗的事負起責任，有耐心地將愛投注在罪惡感等情緒之中，以及持續地清理自己，我開始感覺到幸福。

同時，隨著與自己和解，覺得自己與家人、親戚、歷代祖先以及日本的關係都日漸調和，我感受到無比的喜悅。

另外，我的心中長年來一直在追尋「故鄉」。

雙親是日本人，但出生在巴西的我，在日本和巴西兩國都有生活經驗，對兩個國家也都非常眷戀。不過在清理的過程中，與優秀的人接觸的機會增加，我感覺到自己的心才是我的「故鄉」。

參加荷歐波諾波諾課程時，我接觸到各種藝術家或詩人傳來的「合一」感覺，感受到無法用言語表達的和平與寧靜。每當修．藍博士展示清理工具，以及針對參加者的問題為我們清理時，都格外令人感動。

能夠用如此簡單的方法淨化自己過去的經驗，而且在展開某項行動之前進行清理，都讓我覺得很安心。

最後，希望修．藍博士永遠健康，衷心感謝他教導我們荷歐波諾波諾。也非常感謝介紹修．藍博士和荷歐波諾波諾，以及為我進行清理的所有人。謝謝。

我的荷歐波諾波諾體驗

清理之後，就把一切交託

遠藤亘

能與修．藍博士見面，以及接觸荷歐波諾波諾回歸自性法，是非常幸福的事。

大約十年前，有一個人曾對我說：

「請思考看看，整個宇宙只有你一個人，而且一切都是你創造出來的。」

「如果你正經歷痛苦，請問問自己，體驗這種不想要的現實，是不是因為自己擁有某些東西的緣故。只要詢問即可，不用自己找尋答案。」

他說完不久之後就去世了。

從那時起，我就煩惱著如果一切都是自己所創造，我該如何控制現實。我不知道為什麼只要詢問即可，於是持續找尋答案。為了改變不想要的現實，我一面找尋應該拋棄的觀念，一面試圖掌握新觀念。

二〇〇七年，我在網路上偶然看到「世界上最奇特的治療師」的網頁。

「我只是療癒自己內在創造出他們的部分而已。」

「所謂對你的人生負完全的責任，是指你人生中的一切，單純因為存在於你的人生中，因此是你的責任。」

讀完這兩段文字的瞬間，我確信「多年來一直找尋的東西就在這裡」。

我立刻報名荷歐波諾波諾的基礎課程。

上課的第一天上午，我坐定位後，有一個人將手搭在我的肩上，說了一聲「早安」，然後繼續往前走。當時我還不知道修．藍博士的相貌，心想這個人會不會就是修．藍博士。

在兩天的課程中，修．藍博士多次經過我身邊時，都會將手搭在我的肩膀上。

我覺得不可思議，於是最後一天要離去時便詢問修．藍博士，他回答時提到「angel」。

我英語不好，因此請旁邊的人幫我翻譯。

「你是天使，我接觸你的身體來清理我自己。」

「今後也繼續學習有關意識的一切。」

當我聽到這些話的時候，感覺到自己從過去的煩惱和痛苦中解放，心中變得一片晴朗。

之後，我又參加了在大阪和東京舉辦的課程，每次都接受了建議。我的內在確實發生了變化，而隨著我的內在改變，現實也出現變化。

現在我終於注意到以下這些現象：

- 在我人生的每一個瞬間，都獲得了變得自由的機會。
- 未來也會獲得自由的機會。
- 一切都取決於清理。
- 選擇清理與否。
- 我一無所知。
- 我沒有任何力量。

・一切都是神性所完成的業。

我決定每一個瞬間都進行清理，以恢復零的狀態，不再想要控制人生，把一切都交託。

我感覺到來自愛的風吹拂，單純以行為者的形態生存下去。

我的荷歐波諾波諾體驗

意識每天持續改變

帕德里斯・朱利安

荷歐波諾波諾並非由自己去探求，而是在有需要的狀況下會像宅配般送來像我就是某一天早上以電子郵件的形式收到。閱讀完的一瞬間，我不禁發出「哇嗚！」的聲音。

「承擔百分之百的責任！」真了不起。這是意識最大的轉移。

也就是說，自己周圍的一切，戰爭、問題、快樂、悲傷……全都是由自己來管理。

除此之外什麼都沒有，只要清理自己的世界即可。

宇宙的資料就是自己的資料，消除之後，可以實際感覺到自己內在的細小聲音……呼叫神，或是呼叫佛心、基督的心等……這種微小的聲音每一瞬間不斷地傳送。

前面提到我收到電子郵件時，日本還沒有舉辦荷歐波諾波諾的活動，因此我先郵購書籍或上網搜尋，閱讀各種資料，從這些資訊開始清理。

或許是清理產生了效果，數個月後，我接到新的郵件，獲知修．藍博士將首次在日本舉辦工作坊。

我參加了工作坊，意識持續轉移。

從那個時候起，我的意識持續變化，漸漸、漸漸地更能深入體會自性的意義。

I love you! I love you! I thank you!

我的荷歐波諾波諾體驗

南海樂園的奇蹟啓示

診所院長、醫學博士　金城邦彥

海上樂園夏威夷有如此深遠的教義存在，令人感到驚訝萬分。而且，它與東方古代聖賢的教誨有許多共通點，更讓人覺得不可思議。

重要的是，修・藍博士在夏威夷州立精神病院內奇蹟般的成就，顯示了此教義的實際效果。

還有論文顯示它可改善高血壓患者的血壓，也有許多體驗報告，顯示了它奇蹟般地解決了實踐者的問題。

原來還抱著些許懷疑的我，看到這些實際成績和論文之後，開始對它產生強烈興趣。

因此，上過課程之後，我立即將它試著運用在日常的診療上。

呼叫患者進入診察室時，我一面看著病歷上的姓名和住址，一面在心中默唸或小聲地唸二、三次「我愛你，謝謝你，非常感謝」。

接著，有趣的事發生了。

在診察的過程中，我感覺到自己的心情比平常穩定，而且對患者的親切感和同情心都提高了。與忘了說感謝就面對病患時的精神狀態相比，更有明顯的不同。

這種效果不僅表現在與患者之間的關係上，對於身為醫師的我本身的精神和肉體健康大概也帶來正面影響。

幾乎所有的疾病都與精神壓力有密切關係。

理解與實踐荷歐波諾波諾，可使人的內心平和、安定，產生感謝與愛意，對疾病的預防與治療相信會有幫助。

響。

而且，這些內在變化對於解決外在環境的各種問題，也能產生奇蹟般的影響。

我相信荷歐波諾波諾不僅能解決個人的問題，也有助於促進世界和平。

我的荷歐波諾波諾體驗

奇蹟般的事陸續發生

天然素材麵包工房Little Tree 高木Minori女士

我與丈夫共同經營使用自製酵母與國產小麥的麵包店。

我的心中一直有幾個疑問：「為什麼地球上充滿了戰爭、環境問題、飢餓、南北問題、貧富差距、貧窮、暴力等？如何才能解決這些問題？我來到這個世界上是為了什麼？我到底是誰？如此渺小的我能夠做什麼？」

我覺得自己就是為了尋求這個答案，而從事麵包店的工作，一方面可以協助擔任麵包師傅的丈夫，同時可以持續地做在麵包店這種鬧區裡不起眼的地方才能做的事情。

特別是生下小孩之後，這種想法更加強烈。

我並非怪罪社會、政治家或大人物，而是重視甘地所說的「你必須成為你希望在這個世界上看到的改變」，並一直堅持「做我能夠做的事」，但是總感覺欠缺了某些決定性的重要因素。

那就是區分敵我的作法所不能解決的某種因素吧……

二〇〇六年夏天，我閱讀了「世界上最奇特的治療師」網頁，直覺：「就是這個！」

「我一定要參加這個課程！」於是上網搜尋荷歐波諾波諾基金會的網站，但發現課程都在國外。我正在想如何才能在日本舉辦時，看到了住在加拿大、在和平哲學中心擔任幹部的乘松聰子小姐於部落格上發表她曾參加荷歐波諾波諾的課程。連乘松小姐這樣從事和平教育工作的人也參加了課程，使我精神大振。

這時我腦子裡突然閃過一個念頭：「跟Green Photon代表菊地由美小姐商量

一下吧！」雖然我與她並不熟，還是發了一封電子郵件給她，並很快就收到她的回覆：「這是和平省所必須的，去夏威夷見他吧！」我真的驚喜不已。

隨著菊地小姐赴夏威夷的二〇〇七年二月逐漸接近，不知什麼原因，我的內在出現了另一個我，說：「請一起去！」

「麵包店不能休息的。」

「那麼，應該寫封信給修・藍博士。」

「太冒昧了吧，而且我不知道該怎麼寫。」

就這樣，我跟自己的內在對話。

但當我決定「去吧！」的一瞬間，就好像眼前原來關閉的門突然打開一般，我覺得有必要立即發一封電子郵件給修・藍博士，把我的想法告訴他，請他無論如何要到日本來！

在我兒子四歲生日時，我接到基金會的歐瑪卡・歐・卡拉女士的電話：「我們在夏威夷與修・藍博士見面吧！」於是我決定帶著兒子一同前往夏威夷。

不可思議的事連續發生，歐瑪卡・歐・卡拉女士又跟我連絡：「見面前，請先將參加者的出生年月日告訴我。」因此我在出發前先將名單傳給她。

在飛往夏威夷的飛機內，原本對小麥過敏的兒子突然說：「媽媽，我現在什麼東西都可以吃了。」含有小麥、蛋、堅果類的食物和麵包，甚至麵類或調味料本來都會引發兒子的濕疹和氣喘，現在他突然自己表示沒有問題了，真是難以置信。

兒子堅持要吃飛機餐裡含有麵粉的蕎麥麵，我一點一點地餵他，真的沒有出現任何問題。從那時起，他主要的過敏症狀也消失了。

但另一方面，原本要一起與修・藍博士見面的菊地由美夫婦卻爽約了，她們似乎突然變得不相信荷歐波諾波諾。

第二天，不死心的我決定將我對由美夫妻的關心交給荷歐波諾波諾，也就是在我自己行動之前，先請求別人來處理。

於是我打電話給曾告訴我隨時可以跟她連絡的歐瑪卡・歐・卡拉女士，她立即來接我們母子。就這樣，我意外地又與修・藍博士見了面。

「清理就是這麼回事。」修・藍博士半開玩笑地說。在一旁的兒子突然說道：「好棒！媽媽，真的好棒！」而且眼中閃閃發亮，顯露出感動的表情。

沒有人翻譯，我懷疑兒子是否真的了解。修．藍博士對我說：「他了解的。雖然看起來還很小，但是他的靈魂比妳還老。」

他還告訴我，回日本後不需要指揮任何人或操作任何事，也不需要什麼計畫，只要專心持續清理，自然可以打開道路。

回國後，小小年紀的兒子完全了解我，我實在難以一一細數他如何支持我。

據說，菊地由美夫婦後來又成了荷歐波諾波諾的信徒，真令人驚訝。而且，我與平良貝提女士見面後，每天的清理變得更快樂而新鮮。加上十一月在日本舉辦講座，真是一連串的奇蹟。

現在我又回到原來的工作，並持續進行清理，但不可思議的遭遇仍不斷發生。

父親發現大腸癌時，我正好在兩個月前與一位已故醫學博士的兒子見面，他給了我不少有關癌症的重要建議。我也見到放棄與癌症搏鬥卻克服了癌症的人，並蒐集了必要的書籍，陸續發生許多不可思議的事。

由此我了解到，癌症並非不治之症，並學習到癌細胞可能因斷食或飲食療法、呼吸法、靜心等而消失。因此，父親罹患癌症並未給我帶來太大的衝擊，我反而能提供父母必要的資訊。

老實說，我在清理時也曾遭遇困難而辛苦的局面，但依然相信未來還是會在每一個瞬間不斷地清理。

現在我以從事發酵工作的身分，對於在肉眼無法看見的地方發揮功能的微生物及各種工具表示感謝之意。

我的荷歐波諾波諾體驗

走向自己的家、甜蜜的家之路

Serene株式會社代表　平良貝提

我有二十五年的時間都被朋友們戲稱患了講習中毒症，想要改變自己或周圍的現狀時，只要聽到有好的課程，不論在國內或國外，都會趕去參加。

到了四十四歲，因為更年期障礙和憂鬱，我暫停公司的工作待在家中，但為了走到户外和養狗，我每天在yahoo房地產網站上尋找能夠獲得更多幸福的房子。

在被稱為講習中毒症的期間，我每兩、三年就會搬一次家。

這次好不容易如願在東京市內找到一户附有院子的獨棟住宅，但我搬進去二、三週之後，又開始在網路上找尋新的物件。

朋友們跟以前一樣，不斷提供各種課程或講習的資訊，但這時我處於憂鬱狀態，精神氣力不足，而且過去到處趕場的生活使我相當疲憊，因此對這些已失去了興趣。

有一天，多年好友羅賓告訴我有一個非常有趣的課程，並傳來荷歐波諾波諾回歸自性法的連結。

閱讀了內容之後，雖然口中說不想再參加講習，但我第一次從體內深處（像是不出於自己）感覺到一種自然的能量，於是第二週就飛往洛杉磯參加它的基礎課程。

回到日本後，我每天專心清理。雖然中途也曾多次出現不明所以的情況或深感挫折，但我依舊持續進行。

對當時住的房子，我也為自己過去的任性作法表示歉意和感謝。

「真的非常感謝。搬到這裡來，我覺得非常高興。

沒有得到你的許可便多次任意修改，也常抱怨整理庭院非常麻煩，真的很對不起。

搬來這裡已過了三年，在這段期間，女兒大學畢業外出獨立謀生，兒子重考一年後進入了心目中理想的大學。而在這棟房子的引導之下，我產生了養狗的勇氣，也完成了這個夢想。

這一切都仰賴你的幫助。對不起。」

接著，房子自己告訴我它的名字叫「照間」。

「照間」是一棟有三十五年歷史的老房子，它首次與居住者對話，非常開心，大大地擁抱了我。

經過兩個月的清理，七月底時我接到荷歐波諾波諾回歸自性法美國總部的通知：修・藍博士將於十一月來日本演講。

原來隱居在家中的我，很自然且理所當然地為了荷歐波諾波諾在日本的課程，與過去的搭檔高木稔女士一起展開行動。

由於需要租一間辦公室，我睽違許久地上網搜尋房地產資訊。無意間發現了以前就曾考慮過的理想物件。不過，兩隻寵物和租金超出預算卻成為障礙。

這是我夢想中的房子，於是我抱著姑且一試的心理，與房地產公司交涉，希望租金降低七萬日圓，其他初期費用也能打折。這時，我持續進行所學到的清理方法。沒想到房地產公司跟我見面時當場就答應了。

我決定在炎熱的八月上旬搬家。我向照間說，它提供了非常棒的居住環境給我，並向它表示感謝。

照間是我二十六歲離婚之後所住過的第八棟房子，回想起過去，單親家庭受人厭惡的機率幾乎與禁止飼養寵物相同。因此，我將過去二十五年全部清理一遍，所背負的記憶似乎都從我的身體流出去了。

照間聽著我做這一切。清理完時，我跪在玄關，將額頭碰觸地面，流著淚深深地呼吸。

我離開時，房地產公司說打掃等善後工作會交給相關業者處理，但我認為自己唯一能為照間做的，就是把它打掃得比入住時更乾淨再交還，因此我親自動手大掃除。打掃的過程中，我在心中持續清理，感覺輕快許多。

以前我總是覺得：「這個房子已經住膩了。」然後便開始找尋新房子。但是這時我卻覺得非常愛這棟房子，非常不捨得離開它。

到這時為止，我也使用了幾種基礎課程手冊上介紹的清理工具。依依不捨的情緒漸漸消失，我心情舒暢地完成了大掃除。

這才是真正的搬家。

內心處於平和狀態的話，居住的地方不論是什麼樣子，都是自己的家、甜蜜的家。

透過荷歐波諾波諾，我終於獲得了人生中最理想、最甜蜜的家。

〈後記〉

執筆過程中發生的奇妙事件

櫻庭雅文

寫作本書時，我喝著藍色太陽水，身上帶著「Ceeport」產品，並養成默唸四句話的習慣。在執筆的過程中，發生了許多不可思議的事。

我每次都會請專家將採訪內容錄音轉換成文字資料，但其中一定會出現一些必須重新確認的部分。要從長時間的錄音中找出特定部分來確認，實在是相當麻煩的工作，但這次使用電腦來搜尋，很快就出現我要找的部分了。

不過這樣的內容有好幾處，我一邊想著不知道下一個是否還有這麼好的運氣，一面聽著錄音，沒想到需要確認的部分又很快出現。

我多年來一直從事這項工作，但像這樣順利還是第一次。我不認爲這單純是偶然，唯一可能的就是荷歐波諾波諾的直接效果。

訪問時，我覺得荷歐波諾波諾回歸自性法的哲學性深奥部分，與僅僅默唸四句話、即使不了解它的意義也無所謂的單純性之間，似乎有一些隔閡，但是這個疑問經過修．藍博士懇切地說明後得以化解。

過去我曾親自處理過數本心靈方面的書籍，我發現各種世界觀都毫無矛盾地包含在荷歐波諾波諾回歸自性法的世界觀中。

只要和修．藍博士在一起，就會有一種安心感。如同帽子已成爲他的註冊商標般，他在陽光下的笑容讓人感覺到無限親切。

在訪問他的過程中，關於不了解的地方，我常會多次改變提問的方式或用語，但修．藍博士總是帶著笑容來回答我無知或困難的問題。

在日本緊湊的行程中，即使我長時間採訪到夜晚，修．藍博士驚人的精力讓人感覺不出他的年齡。或許這正是荷歐波諾波諾的效果。這本書的出版，相信也是受神性智慧引導的證據。

寫作本書時，在日本照料修．藍博士的平良貝提女士給了我很大的幫助。本書的實現，可說是受她全力協助之賜。

現在我的腦海裡不斷出現荷歐波諾波諾的四句話。

謝謝你，對不起，請原諒我，我愛你。

The Eurasian Publishing Group
圓神出版事業機構
用心與你對話．視野無限寬廣

方智出版社
Fine Press

http://www.booklife.com.tw reader@mail.eurasian.com.tw

新時代系列 152

荷歐波諾波諾的幸福奇蹟

作　　者／伊賀列阿卡拉．修．藍博士、櫻庭雅文
譯　　者／劉滌昭
發 行 人／簡志忠
出 版 者／方智出版社股份有限公司
地　　址／台北市南京東路四段50號6樓之1
電　　話／（02）2579-6600．2579-8800．2570-3939
傳　　真／（02）2579-0338．2577-3220．2570-3636
郵撥帳號／ 13633081　方智出版社股份有限公司
總 編 輯／陳秋月
資深主編／賴良珠
責任編輯／柳怡如
美術編輯／陳素蓁
行銷企畫／吳幸芳．陳姵蒨
印務統籌／林永潔
監　　印／高榮祥
校　　對／賴良珠．黃淑雲
排　　版／陳采淇
經 銷 商／叩應股份有限公司
法律顧問／圓神出版事業機構法律顧問　蕭雄淋律師
印　　刷／祥峰印刷廠
2012年3月　初版
2023年9月　20刷
MINNA GA SHIAWASE NI NARU HO·OPONOPONO

Originally published in Japan in 2008 by TOKUMA SHOTEN PUBLISHING CO., LTD.
Chinese translation rights arranged with Serene Co., Ltd.
through TOHAN CORPORATION, TOKYO.
INFORMATION
＜Taiwan or China＞http://hooponopono-asia.org/tw/
＜USA＞　http://www.self-i-dentity-through-hooponopono.com

定價 260 元　ISBN 978-986-175-257-0　

你本來就應該得到生命所必須給你的一切美好！
祕密，就是過去、現在和未來的一切解答。
——《The Secret 祕密》

國家圖書館出版品預行編目資料

荷歐波諾波諾的幸福奇蹟／伊賀列阿卡拉・修・藍、櫻庭雅文 著；劉滌昭 譯. -- 初版. -- 臺北市：方智, 2012.03
208面；14.8×20.8公分. --（新時代系列；152）
ISBN 978-986-175-257-0（平裝）

1.超心理學 2.潛意識

175.9 101000369